재
판
받
는
쥐

재판받는 쥐

초판 1쇄 인쇄 2021년 2월 20일
초판 1쇄 발행 2021년 2월 28일

전(傳) 지은이	임제
옮긴이	최익한
엮은이	송찬섭
해설	윤병용
펴낸이	이영선
책임편집	김종훈
편집	이일규 김선정 김문정 김종훈 이민재 김영아 김연수 이현정 차소영
디자인	김회량 이보아
독자본부	김일신 김진규 정혜영 박정래 손미경 김동욱

펴낸곳 서해문집 | 출판등록 1989년 3월 16일(제406-2005-000047호)
주소 경기도 파주시 광인사길 217(파주출판도시)
전화 (031)955-7470 | 팩스 (031)955-7469
홈페이지 www.booksea.co.kr | 이메일 shmj21@hanmail.net

재판받는 쥐

전傳 임제 지음 ― 최익한 옮김 ― 송찬섭 엮음 ― 윤병용 해설

서해문집

이 책은 조선시대에 나온 《서옥설鼠獄說》이라는 우화소설을 월북 지식인 최익한이 번역하여 '재판받는 쥐'라는 제목으로 간행한 것을 엮은 것이다. 늙은 쥐 일당이 국가의 창고를 침입하여 곡식을 축낸 사건에 대해 창고신倉庫神이 재판을 했다. 늙은 쥐가 여러 동식물을 배후로 지목하자 창고신은 이들을 붙들어 와 공술을 들었다. 그러고 나서 이야기는 잡혀 온 동식물의 자기 변호와 수감 대기, 늙은 쥐의 변명 등을 거쳐 결국은 쥐 일당이 척결되는 줄거리를 담고 있다.

최익한은 《서옥설》이 16세기 임제의 작품이라고 믿고 작업을 했으며, 서문에 덧붙여 〈임제 약전〉도 실었다. 《서옥설》이 임제의 작품인지 아직까지는 확실하지 않지만 이 책은 그런 믿음 속에서 작업한 성과이므로 '전傳 임제 작'으로 표기하고자 한다.

《서옥설》의 판본은 여러 가지가 있다. 최익한은 김일성종합대학 도서관에 입수된 박윤원의 《송산문고松山文庫》에서 활용했다. 이는 전래된 필사본의 하나가 아니라 누군가 "30여 년 전에 묵지로 등사한 것"

이었다. 따라서 본래 어떤 판본인지는 알 수 없다. 다만 현재 남아 있는 판본들과 비교할 때 크게 차이가 없다.

최익한은《재판받는 쥐》에 원문을 첨부하지 않았다. 다만 베이징의 민족출판사에서 간행한《조선고전문학선집》을 연변대학 교수들이 중심이 되어 출간했다는 점에서, 여기에 실린《서옥설》원문을 최익한이 활용했다고 판단된다. 그리고 최익한의《재판받는 쥐》가 1956년 평양에서 간행된 다음해에 연변에서 다시 간행된 일도 있었기 때문이기도 하다.

이 책에서 원문이 필요할 때는 규장각 한국학연구원 소장《서옥설》(규 12110)과《조선고전문학선집》내〈임제편〉을 번역한《임제작품집》(연변대학 교수 박충록 엮음, 도서출판 뜻이있는길, 1994)에 첨부된 원문을 참고했다.

최익한은 그가 본 판본에 "오서낙자誤書落字"가 있고 "한 구 한 절씩 빠진 곳"이 있다고 했다. 그러나 이는 다른 필사본과 비교한 것이 아니라 한학의 대가인 최익한이 문장의 흐름을 통해 지적한 것이다. 이를 토대로 오서를 고치고, 빠진 구절은 그가 문장의 흐름을 보아 보충했다. 따라서 《재판받는 쥐》는 그의 의견에 따라 상당히 수정 가필이 된 셈이다.

최익한은 번역 과정에서도 그의 생각을 많이 반영했다. 고전 한문은 "간결과 함축을 특징으로" 했기 때문에 이를 그대로 직역한다면 너무 간결할 뿐만 아니라 작자의 진의를 충분히 전달할 수 없다고 보았다. 그는 필요에 따라 자신의 생각을 많이 넣었다. 스스로 밝힌 바로는, 첫째 "접속사와 부연어를 집어넣었으며", 둘째 "원문에서 인용된 고사가 현재 독자에게 너무 궁벽해 보이거나 흥미가 적을 만한 것은 간혹 다른 그러나 서로 유사한 고사로 바꿔" 썼으며, 셋째 "작품 중 각개 동물의 공술이 대개 대우구법對偶句法[2]을 사용해 일종 시가적詩歌的 운치가 넘쳐흐르고 있으므로 수사상 이와 같은 아름다운 특색을 또한 번역에서 살렸"으며, 넷째 "이 밖에 장절의 차서次序가 전도된 곳이 한두 군데 있으므로 작자의 본의에 비추어 고쳐 세웠다"고 했다.

좀 더 구체적으로 설명하자면, 첫째 최익한은 동물의 등장 순서와 짝에 대해 의미를 부여했다. 이를테면 "이번에는 인간 생활과 일상적으로 직접 관계가 있는 가축들을 찍어" 댄다고 하면서 "노새와 나귀를 사촉자唆囑者[3]로 지명했다". 둘째 창고신과 쥐, 그리고 등장 동물의 관

---

1   글자를 잘못 쓰거나 빠뜨리고 쓰는 일.
2   시문詩文 따위에서 쌍이 되는 구절을 만들거나 배열하는 방법. 《서옥설》 원문은 각 동물의 공술이 모두 두 구씩 짝지어 4구, 6구 등의 형태로 나타난다. 최익한은 한문본을 상당히 의역했지만 이러한 체제를 철저하게 지켰다.
3   부추긴 자.

계는 질문-쥐의 공술-체포-사촉자의 공술로 나타난다. 여기에서《서옥설》의 원문은 다른 부분은 간략하고 사촉자의 공술이 중심인 데 비해 최익한은 쥐의 공술과 체포과정 등에 대해서도 상당히 자세하게 글을 작성했다. 셋째 그러다 보니《서옥설》이 대화 중심이라면《재판받는 쥐》는 행동 등의 묘사, 쥐의 마음속 평가 등이 상당한 비중을 차지한다. 사촉자를 잡아 오고 공술 뒤 잡아 가두는 형태도 동물에 따라 다양한 방식을 이용했다.

최익한은 주인공 격인 늙은 쥐를 비롯해 송사에 끌려 나온 수많은 동식물에 대해 서술하면서 본문에 없는 설명을 덧붙였다. 늙은 쥐에 대해서는 "그놈이 어떻게 꾀쟁이로 유명하던지"라는 구절을 앞에 붙여 "밥솥 밑에 구멍을 뚫어 놓게 한 것도 그놈의 꾀며…"라는 내용을 자연스럽게 보완했다. 송사에 관련된 동식물이 등장하거나 자신을 변호하여 발언할 때의 모습에서도, 원문은 간결하지만 최익한은 대부분 내용을 덧붙여 서술했다. 곧 고슴도치가 "몸을 동그란 밤송이처럼 옹그리고", 또는 곰이 "미련스러운 태도로" 공술한 것이 그것이다. 이러다 보니 이야기가 상당히 풍부해졌다.

기린을 호출할 때 신장에게 "평양 부벽루 뒤에 있는 기린 굴을 가서 수색해 옛날 동명성제가 길러 놓은 가장 늙은 기린 한 마리를 데려" 오게 한 것이라든가, 용이 공술을 마치고 돌아가려하자 옥사가 끝날 때까지 부근 '남대천의 큰 소'에다가 머물게 한 것, "범은 남산의 밀림 속에다가 넣어" 둔 것 등은 이야기를 덧붙였을 뿐 아니라 우리나라라는 공간을 활용한 것으로 보인다.

그간 영물로 알려진 동물에 대해서는 오히려 크게 비판했다. 공자가 내세운 기린이나 불교에 등장하는 사자에 대해 이야기하면서 본문과 상관없이 상당히 많은 양을 유교와 불교에 대한 비판으로 담았다. 《춘추春秋》의 획린獲麟의 구절을 들어 공자를 비판하는가 하면, 사자후의 허상을 들어 불교와 석가를 강렬하게 비판했다.

대붕새의 경우에는 남해 신인神人 광리왕도 동원하면서 이야기를 펼쳐 나갔다. 대붕새, 고래, 용 등 큰 동물을 잡아 오려다 보니 형방 아전 수백 명, 신장 수천 명이 등장했다. 이야기 공간도 바다와 섬으로 넓혀 갔다. 이런 과정에는 최익한 자신의 기준이 작용했을 것이다. 각 동식물의 다양한 특징에 맞춰 설명을 덧붙였으므로 최익한이 여기에 대한 공부를 상당히 했음을 알 수 있다.

최익한은 자신의 이야기를 덧붙이면서 구성을 더욱 복잡하게 만들었다. 나라를 운영하는 세력에서도 상제신–창고신(법관)–큰문직신(門神),[4] 지게문직신(戶靈)–신장神將·신병神兵, 형방 아전, 형리, 나졸, 그리고 지역을 지키는 광리왕 등도 만들었다. 동물 내에서도 대소에 따라 다루는 데 구분이 있었던 듯하다. 큰 동물은 신장이 끌고 오고, 작은 벌레는 나졸이 끌고 왔다. 심지어 대붕새와 고래는 끌고 오지 못하고 직접 그들이 있는 곳으로 가서 재판하기도 했다. 결국 최익한은 《서옥설》의 큰 흐름은 따르면서도 이야기를 상당히 다양하고 규모도 크게 각색했다.

이 같은 최익한의 번역에 대해 정통 한학의 입장은 상당히 비판적이었다. 북한에서 고전 번역을 주도한 리상호의 평가를 살펴보자.

---

4   문지기신.

《서옥설》 번역판은 역자의 능숙한 번역 수법과 아울러 인용 고사에 대한 충실한 주해는 높게 평가되어야 할 것이다. 그러나 이 역본은 엄정하게 말하여 역본이라기보다 역편본에 가깝다고 보는 것이 타당할 것이다. 고전 번역에서 역자의 개입은 허용되기 곤란한 문제로 생각된다.

이와 같이 한 개 고전은 여러 측면에서 귀중한 자료들을 각 분야에 제공하고 있다. 따라서 한문 고전을 번역하는 데 아무리 그것이 의역체라 하더라도 직접 한문의 문법적 함축성을 우리말로 구체화하는 정도 이외에 원작의 자료적인 측면에 한하여는 조금이라도 첨삭할 수 없다는 것을 한 개 원칙으로 삼는 것이 옳지 않을까 한다.

이 작품을 평의하고 흥미 있는 대중적 소설로 번역하기 위한 역자의 로력과 의도는 충분히 리해할 수 있으나, 한 개 고전을 직접 대중적 교양자료로 활용하기 위한 역편, 개역, 번안 등의 사업은 원본의 번역 사업과는 엄격히 구별하여 명확한 자기 표방 아래 별도로 수행할 사업일 줄로 믿는다. 이와 동시에 일정한 작품의 번역물은 한 개 완전한 '번역 작품'으로 재현할 것을 목표로 하여야 할 것이다. 원작의 의미를 번역어로 충실히 옮긴다는 문제는 전혀 다른 문제이다. 번역자의 임무는 원작 의미의 충실한 소개에만 그칠 것이 아니라 역본으로서의 작품화를 목적으로 하여야 할 것이다.

– 리상호, 〈서적 소개와 비판〉, 《조선어문》 1956년 6호, 102쪽

이처럼 충실하게 번역을 담당한 학자의 입장에서는 최익한의 방식을 받아들이기 어려웠던 것이다.

그런데 몇 년 뒤 최익한보다 한 단계 더 뛰어넘어 이야기 구조를 변

형한 작품도 나왔다. 리자응이 간행한《재판받는 곽쥐》(1960)가 그것이다. 최익한이《재판받는 쥐》에서 창고신이 상제신의 지령을 받아 늙은 쥐를 처벌하면서 재판을 마무리하는 것으로 끝냈다면, 리자응은 그의 책에서 감옥에 갇혔던 동물 가운데 일부가 반란을 일으키고 신병들이 동조해 창고신을 쫓아내는 것으로 구성했다. 결과적으로 민란에 초점을 맞춘 것이다.

우화소설은 어느 시대에나 생명력을 지닌다. 특히 군사독재와 압축적 경제성장 과정의 적폐가 두드러진 한국사회에서, 이를 저지른 특권층이 온갖 변명을 하는 모습 같기도 해서 우리 이야기처럼 공감할 수도 있을 듯하다. 하필 쥐인가? 때로는 친근하게 묘사되기도 하지만, '밥이 하늘'인 전통사회에서 곡물을 축내는 존재로서 이런 우화는 피해 가기 어려울 듯하다. 오늘날에는 특권층의 비리를 쥐가 감당하기에는 성격이나 규모가 너무 크고 다양해서 각종 동물을 동원해야 할지 모르겠다. 그렇더라도 쥐가 지닌 전통적인 상징성은 여전히 유효한 것이 아닌가 한다.

엄밀히 이야기하면 이 책은《서옥설》이 아닌, 최익한이 보완한《재판받는 쥐》에 대한 해설책이다. 양자 간의 차이가 적지 않다는 점을 주지할 필요가 있다. 그래서《서옥설》원문 내용뿐 아니라 최익한이 보완한 글, 특히 그가 즐겨 사용한 방언에도 각주를 달았다. 부닐다, 너을다, 투미하다, 씨가리, 엉구렁 등 독자들에게 매우 생소하지만 맛깔스러운 방언을 주목해 보라고 권하고 싶다.

최익한이 우화소설을 번역한 점은 앞서 발간한 다른 저작과 비교한다면 이상해 보일 수 있지만 본디 그는 어문학에도 관심이 많았다.

일제 강점기 때 어문학 관련 글을 쓰거나 좌담회에도 참석했고, 북한에서도 김일성대학 어문학부 교수를 지냈으며, 어문학 관련 논문을 많이 남겼다. 조선과학원 언어문학연구소에서 활동하면서 《조선문학통사》 발간을 주도한 적도 있었는데, 여기서도 임제의 《서옥설》에 대해 의미 있게 평가했다.

이 책을 집필하는 데 평양 조선국립출판사 판본(1956년 7월 1판 1차 인쇄본, 명지대학교 소장)을 이용했으며, 연변에서 간행된 판본(연변인민출판사, 1957)도 참고했다. 해설은 윤병용 선생(서울대 국어국문학과 박사과정수료)이 맡았다. 국문학을 전공하는 윤병용 선생을 만난 것은 행운이었다. 마침 해설 때문에 고민하다가 국문학적 소양이 반드시 필요하다고 생각해 권했는데 흔쾌히 작업에 참여해 주었다. 중국 시에 대해 가르침을 주신 김성곤 선생님(한국방송통신대 중문학과)과 윤문을 맡은 김은영 선생(서울대 역사교육과 박사과정수료)의 도움도 컸기에 함께 감사드린다.

2021년 2월
송찬섭

일러두기

1 이 책은 1956년 평양 조선국립출판사 1956년 7월 1판 1차 인쇄본을 원문으로 이용했다.
   《서옥설》 한문본은 규장각본(규 12110)을 이용했다.
2 원문을 가능한 한 살렸으며 필요한 때는 한자를 병기했다.
3 각주는 원문에 실린 것은 '원주'라고 표기했고, 엮은이가 단 것은 표시 없이 달았다. 원주
   에 좀 더 설명이 필요한 경우 '보완'이라고 쓰고 추가했다.
4 맞춤법은 상당한 차이를 보인다. 고어에서 차이를 보이는 경우는 가능한 한 살렸으나 현대
   어와 현재 쓰이는 외래어에서 차이가 있을 때는 우리 식으로 고쳤다(예: '쟌르' → '장르', '로
   씨야' → '러시아', '로만스' → '로맨스' 등). 동사의 어미는 표준말로 바꾸었다(예: 되였다 → 되
   었다). 비표준어, 북한어, 방언은 원문의 어감을 가능한 한 그대로 살렸고 필요한 경우 주
   석을 달았다.
5 원원문에서 어려운 한자에는 우리말로 토를 달기도 했는데 체제의 통일을 위해 삭제했다
   [예: 황새(鶴 - 관)].
6 중간 제목은 글을 읽고 이해하기 편하게 하기 위해 엮은이가 임의로 만들었다.

백호白湖 임제林悌(1549~1587)는 16세기 우리나라가 낳은 특출한 문학가이며, 소설《재판받는 쥐》즉《서옥설》은 그의 작품 중 대표적 걸작이다.

그러나 그 시대 사회로 말하면 판에 박은 듯한 유교 교조주의가 사대부들의 사상계를 풍미했으므로 그들은 자기 나라의 사회적 현실 생활을 바로 보려고 하지 못했으며, 문학에서도 한문漢文과 당시唐詩를 모방하는 형식주의가 유행해 세태 인정을 심각히 묘사하는 소설 작품 같은 것을 일종의 괴서로 인정할 뿐만 아니라 소설을 창작하는 실례조차 거의 없었다. 이러한 문화적 환경 속에서《서옥설》과 그 작가가 일반 문학인들에게 환영받지 못한 것은 당연한 일이었다.

백호는 그 당시에 좋게 말하는 자들에게는 한 개 호걸 남자로 보였으며, 나쁘 말하는 자에게는 예업에 벗어난 방탕아로 평정되었다. 그의 사상적 및 문화적 가치와 지위를 옳게 이해하지 못한 점은 양편이 결국 오십보백보의 사이였던 것이다.

그리하여 그의 사후에도 그가 끼친 자취로서 시율 몇 수가 역대 시집 중에 들어 있고, 해학과 풍자를 섞은 일화 몇 가지가 야사 또는 항간 구두¹에 유전되고 있을 뿐이며, 그의 저작집은 후인의 부록을 합해 간행된《백호집》이 있으나 또한 희본稀本으로 남아 있다. 그리고 그의 주요한 작품인《화사花史》²와《서옥설》은 다만 필사본으로 전래해 일반 독서계에는 거의 알려지지 아니했는데, 최근 조선문학사의 연구가들이 그 편명과 간단한 경개梗概³들을 소개하기 시작했다. 이 두 작품 이외에도《수성지愁城誌》⁴는 백호의 소설적 작품으로서《백호집》에 실려 있으나 역시 대중 앞에 공개되지 않고 있다.

과거 소위 정통파 문학자들은 소설을 천시하고 작가를 박해했으므로 소설 창작가들은 작품을 흔히 익명으로 발표했으며, 따라서 출판의 기회를 얻기가 극히 어려웠으므로 백호의《화사》도 백호의 창작이 아니고 후인의 작품이라는 말도 있다.

필자는 김일성종합대학에서 조선문학사 일부에 관한 강의를 담당한 이후 수년 간 그 원문을 널리 찾아보았으나 얻지 못하고 항상 안타까워했는데, 작년 동 대학 도서관에 입수된 박윤원 씨의《송산문고》중에서《서옥설》필사본 1 책을 반가이 접독하게 되었다.

이 필사본은 30여 년 전에 묵지로 등사한 것인데, 첫머리에 '조양兆陽 임제林悌 백호白湖 저著'라고 쓰여 있고 표지 안장에는《서옥설》제목

---

1   '口頭'를 뜻하는 것으로 보인다.
2   인간사를 꽃의 역사로 바꾼 의인체 한문소설.
3   전체 내용의 요점만 간단하게 요약한 줄거리.
4   인간의 심성을 의인화한 소설.

밑에 쥐 한 마리를 그려 놓았다. 이는 전래 본에서 그대로 모사한 것이다. 이 책을 자세히 검토해 본즉 오서낙자가 적지 아니할 뿐더러 한 구한 절씩 빠진 곳도 간혹 있다. 그러나 이것이라도 입수된 것을 다행으로 여기고 오서를 증정하며 빠진 구절을 의미로 보아 보충해 이 번역본을 우선 독자 앞에 내어 보낸다.

우리나라 16세기는 훈민정음이 제정 사용된 지 이미 100여 년이었으나 관청, 학교 및 일반 기록에 한문이 아직 공용되고 있었으므로 백호도 자기 작품들에 한문을 그대로 썼다. 다 아는 바와 같이 고전 한문의 표현 방법은 대개 간결과 함축을 그 특징으로 한바 작가 백호는 이 특징을 만폭적으로 이용했으며, 또《서옥설》의 내용이 그 시대의 관료층과 통치자들의 질서를 풍자 조소하는 것인 만큼 그들의 기휘를 고려해 은유隱喩와 함축의 방법을 일층 더 적용했다. 고전 한문의 견지로 본다면 이는 우수한 수법을 가진 작품이다.

그러나 이제 우리 국어로 이것을 직역하면 독자들에게 너무 간결한 어감을 줄 뿐만 아니라 작자의 진의조차 충분히 전달할 수 없다. 그렇기 때문에 역자는 부득이 필요한 경우를 따라 접속사와 부연어를 집어넣었으며, 또 원문에서 인용된 고사古事가 현재 독자에게 너무 궁벽해 보이거나 흥미가 적을 만한 것은 간혹 다른 그러나 서로 유사한 고사로 바꿔 쓰기도 했다. 그러나 전체적으로 보아 원작의 의사 및 수사미修辭美의 특색을 조금도 손상함이 없으리라 믿는다.

그리고 작품 중 각개 동물의 공술이 대개 대우구법을 사용해 일종 시가적 운치가 넘쳐흐르고 있으므로 수사상 이와 같은 아름다운 특색을 또한 번역에서 살렸다. 이 밖에 장절의 차서가 전도된 것이 한두 군데 있으므로 작자의 본의에 비추어 고쳐 세웠다.

《서옥설》의 내용 경개를 간단히 소개하면 다음과 같다.

한적하고 그윽하며 여염집들과는 멀리 떨어진 곳에 지어진 나라 창고에 저장된 막대한 양곡을 창고신은 지키고 있었다.

늙고 간사한 쥐가 몹시 궁하던 즈음에 저 나라 창고 안에 양곡이 가득 차 있다는 소문을 듣고 자기의 무수한 족속을 소집해 회의한 결과 나라 창고를 찾아가서 고방 밑을 뚫고 들어가서 뭇 쥐와 함께 진탕 망탕 먹고 뛰놀았다. 창고신은 이것을 전연 모르고 있다가 오랜 시일이 지난 후에야 창고를 검사해 본즉 쥐들이 양곡을 거의 다 먹어 버린 것을 알았다. 그래서 부하 신병을 동원해 범죄자인 늙은 큰 쥐 한 마리를 잡아다가 재판에 부치고 창고신이 직접 재판관으로서 죄를 다스리게 되었다.

재판관은 범죄자의 죄상을 민첩히 조사해 형벌을 집행하는 대신에 막연히 범죄의 사촉자와 연루자를 문초하느라고 시일을 끌고 사건을 확대했다. 늙은 쥐는 자기 당류를 싹 감추고 재판관의 어리석음을 기화로 하여 많은 동물 또는 식물을 사촉자로 무고誣告했다. 늙은 쥐가 교묘한 언사로 사촉자를 무고하면 재판관은 아무런 고려도 없이 곧이듣고 반드시 그들을 계속 잡아다가 문초해 사촉한 죄상의 증거가 없어도 석방하지 않고 감옥에 가두어 두었다.

작품의 첫 부분에 복사꽃 귀신, 버드나무 귀신, 창고 문간 귀신, 고양이, 개, 여우, 살가지부터, 소, 말, 기린, 범, 용까지 무릇 28종류의 피의자가 차례로 나온다. 이 28종류의 피의자가 각기 자기의 무죄를 완강히 변명한 것을 보고 재판관은 늙은 쥐에 대한 추궁을 심히 하니, 늙은 쥐는 간교 유창한 구변으로 28종류의 피의자의 비행과 결점들을 총괄적으로 내려 지적한 다음에 달팽이와 개미를 가장 친절한 범죄의 방조자로 무고해 그들도 재판관의 엄중한 심문과 구류를 받게 했다.

그러나 그들은 자기변명을 하여 범죄의 사촉자 또는 방조자로 인정될 수는 없었다. 그래서 늙은 쥐는 생각하기를 '발로 땅에 기어 다니는 짐승들은 성격이 완강해 자기변명을 끈지게[5] 잘하고 하나도 고문에 굴종하지 아니하니, 이제부터는 저 바람을 타고 공중에 날아다니는 성질이 연약 경박한 새들을 사촉자로 무고해 쉽사리 굴복케 하리라' 했다. 그리하여 반딧불, 닭, 두견, 앵무새부터 공작, 봉황 그리고 바다의 대붕새, 고래까지 무릇 44종류를 찍어 대었으며, 심지어 벌, 매미, 파리, 모기, 가재, 게 등 12종류의 잡충을 사촉자 또는 방조자로 무고했다. 이 피의자들도 예외 없이 빈번히 체포되거나 호출되어 감옥은 미결수未決囚로 충만했으며, 세상은 자못 불안과 소란한 기분으로 덮이었다.

간사와 아첨과 독설로 '무장'한 늙은 쥐는 큰 것, 작은 것, 기는 것, 나는 것, 자맥질하는 것 도합 84종류의 생물을 자기 범죄의 사촉자로 무고해 자기 죄상을 경감하려고 온갖 교묘한 독설을 놀렸으나, 한 놈도 자복하지 아니할 뿐더러 자기변명에는 모두 명창이었다. 재판관은 늙은 쥐의 무고에 우롱愚弄당한 줄을 깨닫고 엄혹한 형벌을 가하려 했다. 늙은 쥐는 다시 최후의 웅변을 떨쳐서 날짐승과 잡충들에 대한 비행과 결점을 또한 총괄적으로 한바탕 내려 논박했다. 그러나 자기 죄행을 그

---

5 끈지다: 끈기 있다.

들에게 분담하게 하려는 목적은 결국 수포로 돌아갔으며, 사나운 개와 독살스러운 고양이는 침을 흘리고 이를 갈면서 재판관의 '명령일하'를 대기하고 있었다.

이 최후의 순간에 늙은 쥐는 끝내 자복하지 않고 문득 난포한[6] 발언을 했다. 즉 천신, 지신, 산천초목과 일월성신이 모두 자기에게 나라 창고의 곡식을 마음대로 먹게 했으니 자기는 아무런 죄가 없다고 고함을 쳤다. 재판관-창고신은 노기발발하던 얼굴을 갑자기 풀고 손뼉을 치며 웃고 말하기를, '실상은 만물을 창조하신 상제께서 공연히 다사多事하시어 저와 같이 간악한 짐승을 만들어 내서 세상에 큰 해득을 끼치었으니, 그 책임은 상제가 면할 수 없구나!'[7] 하고 탄식했다.

그러나 쥐의 난포한 발언이 상제의 신성 존엄한 신변에 저촉되었으니 이는 대역무도大逆無道한 죄를 범했다고 재판관은 규정하고 자신이 단독으로 처단할 수 없어서 일건 서류를 갖추어 상제에게 올렸던바, 상제는 그것을 열람하고 크게 노여워하여 급속히 지시를 내렸다. 재판관은 그 지시에 따라 옥중에 충만한 피의자들을 전부 석방하는 한편, 늙고 간악한 쥐를 나라 창고 앞에서 갖은 잔혹한 형벌로 육시하고 그의 당류와 족속을 모조리 수색 체포해 한꺼번에 섬멸 소탕했다. 이 뒤부터는 나라 창고에 쥐 도적의 폐해가 근절되었다.

작품은 이것으로 완결되었고 끝에 작자가 사론가의 명의를 빌려 극히 간단하고도 함축적인 논평을 붙였다. 그 대의는 즉 국가의 직무를

---

6   난폭하다의 원말.
7   이 부분은 본문의 내용과는 차이가 있지만 그대로 두고자 한다.

맡은 관리가 원래 태만해 범죄를 미연에 방지하지 못했으며, 또 재판관이 무능하고 우유부단해 그 피해가 온 세상에 미쳤다는 것을 지적한 다음, 간악한 놈은 쥐에만 한하지 않는다는 것을 의미심장하게 경고했다.

이상과 같은 작품의 경개에서 슈제트[8]의 범위와 작자의 빠포스[9]는 극히 명백하다. 국가와 인민의 재산을 도적질해 먹고도 국법 앞에서 솔직히 자복하지 않고, 자기 죄상을 타인에게 전가하거나 분담하게 하려고 무고와 위증僞證을 최후의 순간까지 늘어놓는 그 파렴치한 당시 토호 탐리들의 전형을 간악한 쥐로써 보이었으며, 이 반면에 자기 직무에 태만하고 범죄의 처단에 무책임할 뿐만 아니라 공연히 옥사獄事를 확대해서 무고한 인민을 광범히 체포 고문하는 당시 관리배의 행동을 또한 어리석은 창고신-재판관으로써 대표케 했다. 그리고 피의자로 체포 또는 호출되어 재판정에서 각양각색으로 동작하고 변명하는 수많은 생물-동물의 형상을 통해 당시 사회 각층 인물의 각이한 모습과 성격들을 특징적으로 그려 내었다. 작가는 이 작품에서 부정적 주인공을 내세워 그 시대의 부정적 현실을 폭로 풍자하는 데 예술적으로 성공했다. 동시에 그 부정적 현상을 긍정적으로 개조하려는 작자의 지향이 또한 사상적으로 명백히 표시되었다.

그러면 이 작품을 산출한 사회적 환경과 현실은 과연 어떠했던가? 우리나라의 16세기는 이조 봉건제도의 전성 시기였다. 그러나 전성으로 보인 외관의 이면에는 양반 관료층의 부패성과 추악상이 점차 폭로

---

8   슈제트сюжет(syuzhet): 줄거리, 플롯.
9   빠포스пафос(pafos): 작품 전반에 일관되어 있는 열정(페이소스, 파토스).

되어 가고 있었다. 지주와 토호의 착취는 심했으며 관계의 풍기는 문란했다. 당시 통치자들의 기록에 의하더라도 대개 알 수 있다.

중종 12년(1517. 소위 '기묘사화' 전 2년)에 영중추부사領中樞府事 신용개申用溉는 토지 겸병의 폐해를 논술하고 토지 소유를 제한하는 한전제도限田制度를 조정에 건의했으며, 동왕 24년 4월에 사헌부司憲府는 국왕 자녀의 사치와 관리 탐오貪汚[10]를 탄핵한 일이 있었다. 그 뒤 선조 원년(1568) 12월에 국가 창고의 곡식에 대한 탐오 사건이 자주 발생하므로 조정에서는 이 폐단을 방지하기 위해, 창고 관리의 임기를 30개월로 단축했으며, 동왕 13년(1580)에는 해주海州 유생 임추林樞 등이 정부를 향해 지방 관리들의 탐오를 적발 규탄했으며, 그 이듬해에는 율곡 이이가 정부 내에 경제사經濟司라는 관청을 특별히 설치해 시대에 적응한 정무를 연구하며 폐해 있는 정책을 개혁할 것을 건의했다. 이 몇 가지 실례만을 보더라도 이 작품이 지적한 그 당시 관료 사회의 이면을 훌륭히 증명할 수 있지 아니한가?

이와 동시에 유교 문화가 사회의 이데올로기를 지배한 지 이미 오랬는데 사대부들의 소위 충군애국 사상은 대체로 형식화됐으며, 정권과 관위의 쟁탈을 중심한 사화士禍, 당쟁이 관료 내부에 격심해 문벌의 차별, 적서嫡庶의 차별, 모든 알륵[11]과 배제와 쟁론이 성행했다. 사대부들의 사진열仕進熱이 고조된 반면에 산림 고답의 사상도 병행됐다. 분문 허례와 공담 허명을 숭상해 현인군자 및 도학자의 지위와 명예를 절

---

10   욕심이 많고 하는 짓이 더러움. 탐관오리라는 말이 여기서 나왔다.
11   알력軋轢의 북한어.

취하는 무리들도 배출했다.

작품 중 기린, 봉황, 앵무, 공작 등 영이靈異한[12] 짐승들에 대한 쥐의 폭로 조소는 이러한 폐습을 가리킨다. 부정적 주인공의 입을 통해 부정적 현실을 지적 비판케 한 것은 그 시대의 정치적 및 도덕적 질서가 이미 문란해서 범죄자가 아무런 감화와 두려움을 느끼지 않는다는 사실을 말한 것이다.

더욱이 범죄자가 난포한 발언으로 상제–하느님을 모욕한 것과 재판관이 범죄자를 내게 한 책임이 상제에게 있다고 조소한 것과 또 그 발언을 대역무도로 규정한 일련의 사건 발전은 그 사회의 윤리와 도덕이 이미 일반에게 위신을 잃어버렸다는 것을 반증하는 바이다.

작자는 사회 현실의 다종다양한 현상을 특히 우화적 방법으로 선명하고 풍부하고 생동하게 반영했다. 따라서 작자의 광범한 지식과 심각한 관찰력과 우미한 서정시적 표현술이 이 작품에서 충분히 표시되고 있다. 더욱이 인민의 구두로 전파되고 있는 이언, 속담들을 작품에 도입해 언어의 인민성을 북돋우어 준 것은 그의 예술적 가치의 중요한 부분이다.

이 작가 이전에도 물론 우리나라 문인들이 동물 또는 식물의 우화를 작품에 적용한 실례가 적지 아니했다. 그러나 그들은 대개 교훈적이며 격언적인 범위와 혹은 단편적 성격을 벗어나지 못했고, 그것이 풍자적 문학적으로 발전되어 우수한 소설 장르를 완성한 것은 백호의《서옥설》로 우리 문학사에 특이한 창발적 광채를 발휘하고 있다.

---

12   신령스럽고 이상하다.

이 의인적擬人的 우화적 수법은《서옥설》뿐만 아니라 그의《화사》, 《수성지》 등의 소설 작품에서도 적용되었다. 러시아의 우수한 평론가 벨린쓰끼[13]는 자기 나라 작가 이·아·그릴로브(1768~1844)[14]의 유명한 우화적 작품들에 대해, 그의 완미한 우화 중에 나오는 동물들이 어떻게 러시아의 현실을 잘 반영했는지 그 여러 동물이 결코 '동물이 아니고 사람이며 또 러시아 사람이라'고 하여 격찬함을 마지아니했다. 이와 같이 백호의《서옥설》가운데 나오는 수많은 동물도 작가가 응시하고 느끼던 당시 조선사회의 각계각층의 다양한 인물이다. 다시 말하면 이 작품 중의 다양한 동물을 당시 사회의 각종 인물의 이름들로 바꿔 놓기만 하면 이 우화소설은 우수한 직설적인 세태소설로 나타날 것이다.

작가 백호는 우화와 풍자로써 예술적 작품을 완성해 우리나라 소설 문학을 발전하게 했다. 그의 풍자성은 우화로써 더욱 강력해졌으며, 또 후자는 전자로써 더욱 설복력을 가졌다. 진정한 풍자가는 언행의 불일치와 표리의 불일치 즉 유명무실과 위선 가식을 대상으로 한다. 풍자의 웃음은 그 대상에 대한 증오와 경멸의 감정을 표시하는 것이다. 풍자가 고도에 달하는 경우에는 게르첸[15]이 말한 바와 같이 '혁명적인 것으로' 작용한다. 우수한, 그리고 다양한 우화적 풍자로 충만한 작가의

---

13 비사리온 벨린스키Виссарион Белинский(Vissarion Grigorievich Belinsky)(1811~1848): 러시아 문학비평가.

14 이반 크릴로프Иван Андреевич Крылов(Ivan Andreevich Krylov): 러시아 우화작가. 벨린스키는 크릴로프에 대해 "천재적인 인간으로서, 크릴로프는 우화의 미적 법칙들을 본능적으로 알아 맞추었다. … 그는 러시아 우화를 창조했다"라고 썼다. 크릴로프의 우화는 '분명하게 표현된 풍자적 뉘앙스로 우의(비유)적이자 동시에 비판적인 실제 삶의 묘사라는 새로운 미적 기능을 획득'했다. 1910년 2월 홍명희는《소년》에 크릴로프의 우화를 소개한〈쿠루이로프 비유담〉(2월호)를 게재했다.

15 알렉산드르 게르첸Александр Иванович Герцен(Aleksandr Ivanovich Gertsen)(1812~1870): 소설가, 혁명적 지식인.

문학적 사상과 소설적 작품이 16세기 문학사에서 이미 있었다는 것은 우리나라 문학 전통의 가장 훌륭한 영예로 자랑하지 아니할 수 없는 바이다.

　백호의 창작 생활과 사상적 특징에 대하여는 따로 약전을 써서 첨부한다.

1955년 10월 20일

역자 씀

임제는 나주羅州 임 씨인데 또 조양(나주 옛이름) 임 씨라고도 한다. 자는 자순子順이며 풍강楓江, 소치嘯癡, 겸재謙齋, 백호白湖는 모두 그의 별호인데 세상에서는 주로 백호로 불렸다. 그는 절도사節度使 임진林晉의 아들로서 1549년(이조 명종 4년 기유)에 나주 회진會津(지금 다시면多侍面)에서 탄생했다.

그는 철면규염鐵面虯髥(약간 검은 빛에 엄정한 기운이 보이는 얼굴, 굽은 수염)으로 풍신이 호걸스럽고 재기가 남보다 빼어났으며, 문장이 호탕 분방하면서 우아 섬세하고 항상 내용이 진실했다. 일찍부터 시를 잘하여 시인으로 이름을 세상에 떨쳤다.

28세(선조 9)에 생원 진사과에 합격하고 그 이듬해에 문과文科에 급제했다. 바로 이때에 양반 계층 내부에서 동인, 서인의 당파가 분열 대립해 제각기 정실 관계로 서로 끌고 추켜세우며, 그 반면에 다른 당파 인물에 대해서는 서로 배척하고 중상했다. 백호는 이것을 통절히 미워하고 그 와중에 휩쓸려 들지 아니했다. 그의 소설《화사》는 주로 이 당파 분쟁을 풍자 조소한 작품이다.

백호는 또 권문세가에 아첨하지 아니하므로 벼슬은 예조정랑 겸 지제교知製敎에 그쳤으며, 항상 명산 승지를 유람하여 조국의 자연을 사랑하고 개인의 명리를 일삼지 아니했다. 일찍이 속리산에 들어가서 당시 고상한 선비인 대곡大谷 성운成運을 스승으로 섬기었다. 세상에서는 백호를 예법과 도학에 벗어난 방탕한 사람으로 인정했으나, 율곡 이이와 하곡荷谷 허봉許篈과 봉래蓬萊 양사언楊士彦 등은 그의 기걸한 성격을 칭찬했다.

그는 소년 시절에 우계牛溪 성혼成渾을 찾아보았는데, "그대는 어떠한 가문의 자제냐?"라고 하는 성혼의 물음에 대해 "저는 무명한 평민의 아들이올시다"라고 대답했다. 물론 백호는 평민의 출신이 아니고 지방 사대부의 신분이었지마는 짐짓 이와 같이 대답한 것은 문벌차별제도를 부정하는 평민적 평등사상에서 나온 발언이었다.

백호는 문학을 좋아하는 동시에 군사학에도 깊은 연구를 쌓았으며 중국 같은 광활한 나라에 나서 한 번 재능을 발휘해 보지 못한 것을 한탄했다. 일찍이 어느 술자리에서 친구들과 담화하면서 농담으로 "내가 만일 중국 오대五代 시대에 났더라면 그까짓 돌림천자(輪番天子)쯤이야 자다가도 한 번 했을 것이다"라고 했다. 이는 당시 사대부들의 '소중화小中華' 사상을 공격하는 한편 천자를 천지 운수를 타고난 신성한 존재

---

1   실학자 성호星湖 이익李瀷(1681~1763)의 문집인 《성호사설星湖僿說》 권9, 《인사문人事門》, 〈선희학善戱謔〉에 실려 있다. 정확한 내용은 "만약 내가 오대나 육조六朝 같은 시대를 만났다면, 또한 마땅히 돌림천자(輪遞天子)쯤은 했을 것이다"인데, 최익한은 '輪番'으로 표기하였다. 오대는 당나라가 멸망한 907년부터 송나라가 통일한 979년까지 화북을 통치했던 5개의 왕조를 말하며, 육조는 삼국의 오나라부터 동진, 송, 제, 양, 진의 여섯 나라를 말한다. 이 시기 천자가 자주 바뀌었음을 비유했다.

로 믿는 어리석은 관념을 조소한 것이었다.

그의 임종 시에 처자와 친척이 그의 최후의 호흡을 보고 슬퍼서 눈물을 흘리며 목멘 울음을 울었다. 그러나 백호는 웃으며 "5호16국과 거란, 몽고, 여진 등 오랑캐들도 한 번씩은 다 황제의 칭호를 가지고 천하를 뒤흔들었는데 다만 조선 사람이 그리하지 못하고 바다 한구석에서 항상 갇혀 있다. 이와 같이 옹졸한 판국에 살아 있은들 무엇하며 죽은들 무슨 한이 있겠느냐!"《성호사설》)²했다. 이는 당시 양반 계층이 쇄국주의와 보수주의를 철칙으로 지키고 좁은 동굴 속에서 정쟁과 당쟁론을 유일무이한 사업으로 아는 그 고루하고 편협한 태도를 풍자 조소한 것이다. 그는 최후의 순간까지 불합리한 사회 현상을 향해 날카로운 풍자의 웃음을 보냈던 것이다.

백호는 불행히 단명해 39세로서 전도유망한 자기 생애를 마치었다(1587년 선조 20년 정해). 그의 문학과 일화는 수백 년 동안 소위 도학자들과 '정통파' 문인들의 비난과 저해를 받아가면서도 항상 항간에 전하고 있어서 마치 검은 구름 사이로 새어 내리는 별빛처럼 반짝이고 있다.

그는 북평사北評事(함경도 병사 밑에 배속된 군직)에서 평안도 도사都事(감사 밑에 있는 참사관)로 전직해 오는 길에 짐짓 준마를 타고 국왕의 행차 앞을 지났는데 이것으로 '범필犯蹕'(국왕의 행차 길을 침범했다는 것)이란 탄핵을

---

2   이 구절도 최익한이 자신의 생각을 담아 의역했다. 원래 내용은 이보다 간결하다. "사해四海의 여러 나라가 황제를 일컫지 않은 자 없는데 홀로 우리나라만이 예부터 그렇지 못했으니, 이와 같은 좁은 나라에 사는 신세로서 그 죽음이 무엇이 아깝겠는가"《성호사설》권9,《인사문》,〈선희학〉). 여기서 5호16국은 삼국을 통일한 서진西晉이 멸망한 후 흉노, 선비, 저氐, 갈羯, 강羌 등 다섯 가지의 이민족이 세운 16개의 국가를 가리킨다. 곧 이른바 오랑캐 나라들도 모두 천자를 표방했다는 점을 구체적인 사례를 들어 강조했다.

받고 《수성지》를 지어서 나랏일을 걱정하는 심회를 말했으며(《택당잡저
澤堂雜著》), 추강秋江 남효온南孝溫의 인품을 사모하고 단종과 사육신의
사적을 동정해 《원생몽유록元生夢遊錄》을 지었다고 한다.

백호는 평안도 도사로 개성을 지날 적에 유명한 시기詩妓 황진이黃
眞伊의 무덤을 찾아가서 제문을 읽고 시조를 읊어서 그 여성의 불우한
생애를 조상했다. 이것이 사대부의 점잖은 행동이 아니라는 이유로 대
간臺諫의 탄핵을 만나 좌천 강직되었다고 한다. 그는 또 평양에 있을 적
에 시기 일지매一枝梅와 더불어 노래와 시를 주고받고 한 로맨스도 전
한다.

그는 어느 해 봄날에 서울 삼청동으로 놀러 갔더니 소년 수십 명이
무리를 지어 와서 화전花煎놀이[3]를 하며 운자韻字를 내어 시회를 열고
있었다. 백호는 그들에게 가까이 가서 놀이에 참가하기를 청했다. 그러
나 교만한 그들은 그를 시 지을 줄 모르는 사람으로 인정하고 참가하게
하기를 싫어했다. 백호는 공손한 말로 나는 한시를 지을 줄 모르니 내
가 우리말로 부르거든 그대들은 그것을 글귀로 번역해 써 달라고 했다.
그래서 백호는 부르고 소년들은 한시로 썼다.

솥 갓을 도로 고였다. 적은 시내 가에(鼎冠撑石小溪邊)

흰 분과 맑은 기름으로 두견(두견화는 진달래 꽃)을 굽는다(白粉淸油煮杜
鵑).

쌍젓가락으로 접어 드니 향기가 입에 가득하다(雙箸挾來香滿口).

---

3   매년 음력 3월 중순경에 밖에 나가 진달래꽃을 부치거나 떡에 넣어 먹는 등 여럿이 함께 즐기는 민속
     놀이.

일 년 봄빛을 뱃속에 전하누나(一年春色腹中傳).

이렇게 부르고 쓰고 나니 운자와 음률과 평측平仄이 적절히 맞아서 훌륭한 한시 절구絶句 한 수를 이루었다. 소년들은 비로소 놀라며 '당신이 백호 임 선생이 아니십니까' 했다. 백호는 웃고 유쾌히 놀다가 헤어졌다고 한다(《약파만록藥坡漫錄》). 그의 유모아한[4] 풍정과 평민적인 생활은 이러한 데서도 볼 수 있다.

백호는 어느 날 말을 타고 밖으로 나가는데 왼발에는 장화(靴)를 신고 오른발에는 단화를 신었다. 그의 마부가 제짝 아닌 신발을 말하니 백호는 꾸짖어 가로대, "길 왼편으로 가는 사람들은 나를 장화 신은 자로 알 것이며 오른 편으로 가는 사람들은 나를 단화 신은 자로 알 것이니 누가 제짝 아닌 신을 신었다고 할 것이냐" 했다(《연암집》). 이는 백호가 역시 당시 사대부들이 편당을 지어서 제각기 편협한 소견을 주장하는 것을 풍자한 것이다.

백호의 문학상 주요한 공적은 소설 창작이다. 그는 세조의 왕위 탈취를 권력의 죄악으로 보고 단종과 사육신을 동정한 나머지《원생몽유록》을 지은바, 이것이 김종직金宗直의 〈조의제문弔義帝文〉과 유사한 것이다. 그러나 원생元生은 생육신의 한 사람인 원호元豪를 가리킨 것이며 원호의 유집 속에《몽유록夢遊錄》이란 단편이 원호의 작품으로 실려 있으니 작자의 관계가 어떻게 된 것인지는 아직 고증하지 못했으나, 생각건대 이것이 백호의 창작으로 항간에 돌아다니는 것을 원호의 후손

---

4   유머러스하다.

이 보고《원생몽유록》을 원생이 직접 지은 몽유록으로 인정하고 원호의 유집 가운데에 편입한 것이 아닌가 한다.

소설《화사》는 작자가 자기 눈으로 동서 분당의 출발을 직접 보고 그 무원칙한 분쟁을 증오해 쓴 것이며 또 종래 일반이 백호의 창작으로 인정했던 것인데, 10여 년 전 서울 어느 장서가의《화사》필사본에는 "숙종 28년 임오(1702)에 남성중南聖重이 "나는 화사를 지었다"(余作花史)"라고 한 발문이 써 붙어 있고 동왕 을유에 김양보金良輔가 자기 친구 남성중을 위해 또 발문을 지어 붙였으니, 이것을 보면《화사》가 백호의 창작이라고 단언하기가 곤란하다. 이도 후일의 고증을 기다리지 아니하면 안 될 것이다. 그러나 사회의 천대와 기회로 제때에 출판되지 못한 저작은 대개 많은 작자의 이름을 가지게 된다는 것을 상기할 필요가 있다.

백호의 창작으로 유명한 것은《수성지》인데, 이것은《백호집》의 끝부분에 실려 있기 때문에 작자의 문제는 있을 수 없다. 이 작품의 내용은 주로 당시 정치와 국가에 관한 온갖 걱정을 술로써 극복하려는 취지 밑에서 잊으려야 잊을 수 없는 자기의 우국 심정을 표시한 것이다. 이는 애국 사상의 고백이다.

백호의 최대 걸작은《서옥설》인데, 이는 당시 탐관오리의 간악한 범죄와 사화, 당쟁이 빚어낸 범람한 옥사의 폐해를 폭로 풍자한 작품으로서 거의 구비된 예술적 형식을 우리 소설사에 기여했다. 작가의 우화적 의인적 수법은《서옥설》에서뿐만 아니라《수성지》,《화사》등의 작품에서도 일률적으로 적용되었다. 이러한 특징으로 보아《화사》도 백호의 창작으로 인정하는 것이 틀림없지 아니할까 한다.

그의 저작으로 일찍부터 간행된 것은《백호집》이외에《부벽루 상 영록浮碧樓 觴詠錄》한 권으로 평양 인사들에 의해 활자로 출판되었다. 이 책은 백호가 평안도 도사로 있을 때에 여러 시우와 더불어 부벽루에 서 술을 마시면서 서로 창화한 6명의 한시를 수록한 것이다. 출판의 유 래가 쓰여 있지 않기 때문에 그 연대와 출판자는 알 수 없으나 백호와 함께 5명의 성명과 별호를 갖추어 쓴《방명록芳名錄》이 이 책의 첫머리 에 있다(중화군 남곶면 평호리 오국근 가장본 참조).

백호는 우리나라 소설의 개척자인 동시에 우수한 시인이었다. 그 는 당시 중에서 두목지杜牧之의 시를 좋아했으며, 손곡蓀谷 이달李達도 백호의 시를 능숙하다고 칭찬했다(《제호시화霽湖詩話》). 그의 시가 허균許 筠의 선집《국조시산國朝詩刪》과 장지연張志淵이 편찬한《대동시선大東 詩選》에도 몇 편 실렸는데, 대상과 주제의 성격을 따라서 혹은 섬세 미 려하며 혹은 웅혼 기발하며 혹은 고아 침통하여 극히 자유로웠다. 이하 에 두어 편을 번역 소개해 작자의 애국, 우국의 사상을 보이려 한다.

잠령 민정에서(蠶嶺閩亭)

동쪽 바다에는 큰 고래가 있고(東海有長鯨),

서편 국경에는 사나운 도야지가 있다(西塞有封豕).

강 성에는 잔약한 군사 울부짖고(江障哭殘兵),

바다 수자리에는 굳센 진터 없어라(海徼無堅壘).

조정의 계책은 너무나 옳지 않거니(廟算非良策),

죽음을 겁냄이 그 어찌 사나이랴(全軀豈男子)?

한풍寒風(한풍은 옛날 중국의 말 관상쟁이)이 다시 살아오지 않아(寒風不

再生),

준마가 속절없이 늙고만 있구나(絶景空垂耳)!

초야에 깊이 묻힌 영웅의 마음이야(誰識衣草人),

남 몰래 날마다 천 리를 달리노나(雄心日千里).

16세기 말기에 우리나라 서북에는 여진족이 강성하고 동쪽에는 일본의 침략적 기세가 자라고 있었으나 통치 계급은 안일에 빠져서 국방 대책을 강구하지 아니하고 유용한 인재를 전혀 등용하지 아니하므로, 큰 뜻을 품은 영웅들이 공연히 초야에 숨어 있었다. 작자는 이것을 깊이 개탄했다. 백호 사후 5년 만에 임진왜란이 일어났고 그 뒤 반세기 못 되어 여진 침략이 있었으니 작가의 애국적 예견이 얼마나 밝았던가를 알 수 있다.

마소 노래(馬牛歌)

세상에 정신 잃은 사람도 있구나(世有病心人).

소를 타고 짐은 말에게 실리는구나(騎牛馬載去)!

그들의 능력대로 부리지 않고(用之旣違材),

모진 채찍은 조금도 아끼지 않네(鞭策不少恕).

태항산과 청니판(태항산과 청니판은 모두 중국의 험준한 곳)[5]의 험한 산길에
(太行之路靑泥坂),

말은 엎어지고 소는 너머지누나(馬蹶牛僨將何助).

---

5 태항산은 중국 산서고원과 하북평원 사이에 있으며, 청니판은 감숙성 휘현 남쪽 섬서성과 경계에 있는 높은 고개이다.

건강한 마소 일시에 쓰러졌나니(吁嗟 健牛良馬一時斃),

누가 짐 지고 또 누가 태우려나(誰爲負也誰爲馭)!

이 시는 통치 계급이 인재를 적재적소에 배치하지 않고 되는 대로 혹사하다가 정말 위급한 때를 당하면 인재는 이미 없어지고 나랏일은 말 아니게 되리라는 의미이다.

백호는 한시에 능했을 뿐만 아니라 우리말로 쓴 시에도 예술적 재능을 발휘했다. 그의 예술적 생활로써 미루어 본다면 우리말로 된 가사와 시조 같은 창작이 도리어 주가 되었을 것인데 대부분 인멸되고 시조 몇 수만이 전하고 있다. 실례로 황진이 무덤에서 읊은 시조 한 수를 소개한다.

청초 우거진 곳에
자난다, 누었난다.

홍안은 어디 두고
백골만 묻혔난다.

잔 잡고 권할 이 없으니
그를 서러워하노라.

요컨대 백호 임제는 중세기적 사회의 모든 도덕적 모순을 지적 폭로할 수 있는 인도주의자였으며, 통치 계급의 충성치 못한, 추악 비열한 행동을 증오 타매할 수 있는 애국 사상가였다. 그의 문학은 현실 생활을 반영하는 찬란한 화폭이었으며, 그의 예술적 특징은 우화적 풍자로써 모든 허위와 불성실을 불사르고 인민의 심장에 새로운 정열의 싹을 북돋워 줄 수 있는 것이었다. 17세기부터 발흥한 실학파의 계몽문학에 대해 그는 확실히 선구적인 역할을 놀았던 것이다. 백호가 세상을 떠나자 그의 친우요, 저명한 시인인 오봉五峯 이호민李好閔은 다음과 같은 애사로써 그의 불우한 일생을 추도했다.

임자순을 슬퍼한다(輓林子順)

기나긴 가을밤에, 그대 위해 우노라(哭君秋夜夜何漫).
병자년 그 어느 날에, 그대 비로소 만났느니(丙子年間始識顔).

굳센 얼굴 굽은 수염, 일대 호걸 기 아니런가(鐵面虯髯多意氣).
쌍룡검 만권서로써, 온 장안을 떨쳤나니(雙龍萬券動長安).

영웅은 어느덧 늙었고(差池鬢髮陳同父),
문장은 그 뉘 알아주리(蕭瑟文章庚子山).

거문고 걸고 노래 부르건만, 그리운 님 이르지 않네(琴罷高歌人不會).
아, 강호 노니던 옛 터에, 달 뜨고 물결만 높구나(江湖浪擊月輪寒).

진동보(陳同父)는 송나라 진량陳亮(호 용천龍川)의 자字요, 유자산庚子山

은 남북조시대 후주後周의 유신庾信[6]의 자인데, 모두 저명한 문장가다.

1955년 10월 30일
최익한 씀

---

6 원문에는 陳亮이라고 되어 있는데 착오가 있었던 듯하다.

재
판
받
는

쥐

사건의 시작

:

뭇 쥐가

나라 창고를

털다

옛날에 창고 집은 반드시 외따르고 한적한 곳을 가려서 지었다. 이는 혹시 촌락에 화재가 나더라도 연소될 염려가 없게 하려는 것이었다. 그래서 창고의 주위에는 잡풀과 보둑 나무들이 우거졌고 울퉁불퉁한 돌멩이들이 이리저리 놓여 있고, 푸른 이끼는 담벽에 덥수룩하게 뻗었고 썩은 흙은 그 습기를 섬돌에까지 풍기었다. 여염집들은 멀찌기 떨어져 있고 사람들은 잘 부닐지[1] 아니했다.

어느 한 오목한 땅 구덩이에 커다란 쥐 한 마리가 살고 있었다. 몸 길이는 반 자나 되고 털 길이는 두어 치나 되었다. 그는 교활하고 간사하기가 저의 무리 중에서 으뜸갔다. 그래서 뭇 쥐는 그를 어른으로 받들었다.

그 놈이 어떻게 꾀쟁이로 유명하던지 밥솥 밑에 구멍을 뚫어 놓게

---

[1] 부닐다: 가까이 따르며 붙임성 있게 굴다.

한 것도 그놈의 꾀며 고양이의 목에 방울을 달게 한 것도 그놈의 꾀다.[2] 그 교묘한 간책과 민첩한 지혜는 대개 이와 같은 것이었다.

하루는 어른 쥐가 뭇 쥐를 불러 놓고 자기들이 앞으로 살아 나갈 방도를 강구하기 위해 회의를 열었다.

우리가 사는 덴 울타리가 없고 식량은 저축이 없으며 사람과 개에게 위협을 자주 받고 있으니, 우리의 살아가는 꼬락서니란 옹졸하기가 말할 수 없다. 내 들으니까 나라 창고 안에는 백옥 같은 쌀이 산더미처럼 쌓여서 묵고 썩는다니, 만일 우리가 그 고방을 뚫고 들어가서 보금자리를 치고 마음껏 먹고 배를 두드리며 뛰놀면 얼마나 기쁘랴? 이것은 하느님이 우리에게 주시는 복이다.

어른 쥐는 수염을 쓰다듬으면서 이렇게 말했다. 이 말을 듣고서는 뭇 쥐가 모두 이제는 팔자八字를 고치겠다고 서로 붙들고 춤을 췄다.

그래서 어른 쥐는 뭇 쥐를 거느리고 나라 창고를 찾아가서 벽 밑을 뚫기 시작했다. 한나절도 못 되어 혓가래[3]에 능히 용납할 만한 큰 구멍을 내어 놓았다. 그는 새끼와 떨거지를 데리고 창고에 들어가서 여지껏 졸이던 마음을 턱 놓고 아주 장구히 살 배포를 차렸다. 따라간 뭇 쥐는 천으로 셀 만큼 많았다. 그들은 온 고방 안을 설레며 물고 너을고[4] 파고

---

2   고양이 목에 방울을 다는 이야기는 이솝우화에 나오는데, 우리나라에서는 1678년(숙종 4) 홍만종洪萬宗이 지은 《순오지旬五志》에 나온다.

3   서까래의 옛말.

4   너을다: 썰다.

헤치니 쌀낟이 봉당 바닥에 깔려서 이루 다 먹을 수 없었다. 그들이 이런 생활을 십 년이나 하니 나라 창고는 그만 텅 빌 지경이었다.

사촉자들

:

복사꽃에서

지게문직신까지

그제야 창고신(神)은 깨닫고 장부를 펴 들고 남아 있는 저장량을 계산해 본즉 섬 수가 크게 축났다. 그는 놀라고 두려워했다. 그는 급히 신병을 소집해 범죄자를 수색한 결과 소위 어른 쥐를 잡아다 앞에 꿇어앉히고 호통을 치며 수죄數罪(죄목을 센다는 것)한다.

네 이놈! 거친 성터가 본디 너의 집이며 더러운 거름흙이 곧 너의 밥인데, 넌 어째서 무리와 졸개를 끌어 데리고 여기 와서 구멍을 뚫고 보금자리를 쳐서 100년의 저축을 탕진하고 만민의 양식을 없애 버렸느냐? 네놈의 씨가리¹는 한 놈도 남기지 않고 모두 찢어 죽이어 도적의 화근을 송두리째 뽑아 버릴 테니, 너의 당류와 사촉자를 죄다 고해바치고 조금도 숨기지 말렸다!

I 씨알머리. 씨알머리는 남의 혈통을 속되게 이르는 말.

이 무서운 호통을 들은 그 어른 쥐는 그만 황겁한 태도로 땅에 납작 엎드려서 두 앞발을 모아 잡고 다음과 같이 공술한다.

여쭙기 황송하외다. 이 늙은 것이 꼴은 비록 변변치 못하오나 본디 별 정기를 타고 천지의 기운을 받고 났기 때문에 성품인즉 그다지 투미치[2] 않사외다. 비록 온갖 짐승 가운데 으뜸가진 못하오나 또한 비천한 놈은 아니옵기에 옛날 시인詩人은 저희를 《시경詩經》에서 읊었으며[3] 군자는 저희 이름을 《예기禮記》에 실은즉,[4] 저희가 사람과 연분을 맺은 지는 이미 오래외다.

보시는 바와 같이 지금 가로 뜨인 눈, 바루[5] 선 코, 두 발로 서서 걷는 만물의 영장인 인간으로서 일평생 농사를 지어도 오히려 배부르게 먹지 못하고 기아의 구렁에 헤매거든, 하물며 이 못생긴 늙은 것이 적수공권赤手空拳[6]에 살아갈 길이 망연하와 이 모진 목숨을 이으려고 겨와 죽정이[7]를 게검스러이[8] 먹고 지내오니 젠들 이 짓을 기꺼이 하오리까? 할 수 없이 하는 게외다.

죄는 비록 큽사오나 정상인즉 가련하외다. 또 이 늙은 것은 집안 운수가

---

2 투미하다: 어리석고 둔하다.

3 《시경》, 〈국풍國風 위풍魏風〉, '석서장碩鼠章'. 여기서 '碩鼠'(큰 쥐)는 왕을 비유한다는 점에서 쥐가 비천하지 않다는 근거가 되지만, 백성들의 곡식을 빼앗아 먹어 떠나게 했다는 점도 담겨 있어서 쥐에게는 그다지 유리한 자료는 될 수 없다.

4 《예기》, 〈월령 진월조〉에 "들쥐가 변해 메추라기가 된다"는 구절이 있다.

5 바로.

6 맨손과 빈주먹. 가진 것이 아무것도 없음을 뜻한다.

7 쭉정이의 비표준어.

8 음식 따위에 욕심을 내어 마구 먹는 태도가 매우 흉하게. '게걸스럽다'는 마구 먹어대는 태도이고, '게검스럽다'는 마구 먹는 꼴이 보기 흉할 때 쓴다.

비색하와 자식들은 부지를 못했사외다. 동쪽 집 함정에서 아들을 다 죽였고 섯녘 집 덫에서 손자를 다 잃었사외다. 이처럼 혹독한 참척을 당하고 나니 눈이 어둡고 몸이 바스라지고 헐떡거리는 목숨에 촌보를 옮기기가 거북하외다. 아무런 계책과 두량성斗量性[9]이 없는 이놈에게 어느 누가 와서 부니오리까? 저에게는 아무런 당류도 없사외다.

그 교활한 어른 쥐는 이렇게 엉구렁[10]을 쓰며 범죄의 동기에 대한 책임을 남에게 전가하려고 사촉자를 이리저리 찍어 대기 시작한다.

아뢰옵기 황송하오나 저의 범죄를 사촉한 자들을 제가 조금도 숨김없이 바루 삶아서[11] 처분을 기다리오리다. 당초에 제가 나라 창고의 고방 벽을 뚫으려고 조심조심 벽 밑으로 기어가서 주위를 두리번두리번 살펴본즉, 산천초목이 모두 삼엄해 보이는데 오직 단장 모퉁이에 피어 있는 복사꽃(桃花)은 저를 보고 빵긋빵긋 웃었사오며 섬돌 앞에 드리워 있는 버들(柳) 가지들은 저를 향해 맘껏 춤을 춰 주었사외다. 그 웃는 것은 제가 배부르게 먹을 걸 기뻐하는 것이오며 춤을 추는 것은 제가 좋은 자리를 얻을 걸 축하하는 것이오니, 이거야 저를 동정하고 저의 범죄를 가리켜 준 것이 아니고 무엇이오리까?

그럴 듯이 꾸며대는 늙은 쥐의 말을 척 곧이들은 창고신은 노여워

---

9   일을 헤아려 처리한다는 뜻이다.
10   엄살.
11   삶다: 사뢰다.

했다.

고방 뚫는 행실을 미워할 대신에 도리어 그걸 기뻐하며 좀상스러운[12] 짓을 보고 놀랄 일인데 도리어 춤을 춰주었다니, 이야말로 '조걸위학助桀爲虐'[13]이로군! 이런 놈들은 법으로 다스려야만 되겠다.

창고신은 이렇게 말한 다음 곧 신부神符를 외워서 복사꽃, 버드나무의 신들을 결박해다가 앞에 놓고서

너희가 살고 있는 바루 그곳에 이따위 고방 뚫는 도적놈이 있는 걸 뻔히 보고서 금지도 않고 고발도 않고 도리어 웃고 춤춘 건 웬일이뇨?

하고 준절히 꾸짖었다. 복사꽃은 부끄럽고도 분해하는 어조로 먼저 공술한다.

여쭙기 황송하오나 저는 본디 겨울철엔 벌거숭이로 있다가, 봄철을 당해서는 피어나는 꽃봉오리들이 진분홍에 연지 빛깔이옵고 연분홍에 아릿다운 비단무늬외다. 이건 초목의 본성이오며 또한 조화의 신공神功이외다. 다만 봄바람에 웃음을 띠었을 뿐이옵고 그때 그놈에게 무슨 정을 표시한 것은 아니외다. 그놈의 무고야말로 참 입이 째지도록 웃을 일이옵고 도

---

12 좀상스럽다: '좀스럽다'의 비표준어. 좀스럽다는 성질이 잘고 옹졸하다는 뜻.
13 (원주) 걸은 하夏나라 말 포악한 임금인데 '조걸위학'은 악한 자를 도와 포악한 노릇을 하게 한다는 말. (보완) 《사기》, 〈유후세가留侯世家〉에 나온다.

리어 부끄럽기 그지없사외다.

그다음 버드나무 신이 공술할 차례였다. 그의 후줄구레한[14] 모양이란 볼상 없이 되었다. 그러나 모양보담 말은 줄거리 있어 뵈었다.

여쭙기 황송하오나 저는 본디 체신이 연약한 탓으로, 다스한 바람이 골짜기에서 불어오고 가랑비가 강둑에 개면 한들거리는 가지들은 '미인의 풍채'[15] 같사옵고 휘날리는 고은 실들은 '장안長安의 봄빛'[16]을 자랑하외다. 아릿다운 태도는 이쁜 계집의 눈썹을 본뜨옵고 어느 때엔 이별하는 사람들의 손아귀에 들리기도 하외다. 저의 너풀 춤은 제 흥에 겨운 것에 불과하외다. 쥐놈의 말은 전연 무근하와 원통하기가 그지없사외다.

창고신은 그들의 공술을 듣고 나서 그래도 미심다워[17] 모두 옥에다 가둬 놓고서 다시 쥐더러

복사꽃이 웃고 버드나무가 춤춘 것은 모두 이유가 있고 너와는 아무런 관계가 없다. 누가 너에게 도적질하라고 가르쳤느냐? 어서 바루 아뢰렸다.

---

14 후줄근하다의 비표준어.
15 《서옥설》원문에는 "장서의 풍채"(張緖之風彩)라고 되어 있다. 장서는 중국 남제南齊(479~502) 때의 오군吳郡 사람으로 욕심을 부리지 않아 풍채가 맑고 마음이 깨끗했다고 한다. 최익한은 서문에 언급했듯이 원문에서 인용한 고사가 지금 독자들에게 너무 궁벽하고 흥미가 적을 만한 것은 다른 고사로 고쳤다고 하는데 그 사례가 아닐까 한다.
16 《서옥설》원문에는 "위성의 봄빛"(渭城之春光)이라고 되어 있다. 위성은 중국 진秦나라 도읍 함양을 가리키는데, 이 또한 당나라 장안이 우리나라 독자들에게는 더 익숙하기 때문에 선택한 것으로 보인다.
17 미심스럽다의 비표준어.

쥐는 고쳐 공술한다.

여쭙기 황송하오나 실상은 나라 창고의 큰문직신과 지게문직신이 저에게 도적질을 가르쳤사외다.

이 말을 들은 창고신은 크게 노여워서 그 두 놈을 결박해다가 그 머리와 얼굴에 무릅을 씌우고[18] 목에 항쇄項鎖[19]를 채우고 뜰 바닥에 앉혀 놓고서

네 이놈들! 나라 창고를 서서 지키는 것이 너희 책임이며 잡인 출입을 엄금하는 것이 너희 직분이어늘, 너희는 도리어 큰문 작은문을 모두 열어서 도적을 들이고 도적놈에게 양식을 싸서 주었으니, 곤장棍杖 난장亂杖도 족히 그 죄를 속량할 수 없고 능지처참陵遲處斬도 족히 그 죄를 징계할 수 없다. 도적놈을 섬긴 죄상을 어서 속히 자복할지어다.

큰문직신은 공술한다.

여쭙기 참으로 황송하외다. 안문 바깥문이란 출입하는 곳이옵기에 악신은 꾸짖어 물리치고 복신은 맞아들였사외다. 항상 삼가 지키옵고 천만인의 힘으로도 능히 이것을 열 수 없으리라고 믿었사외다. 비록 한 방면을

---

18 무릅씌우다는 위로부터 그대로 뒤집어쓰게 하다. 《서옥설》 원문에는 "낭기두囊其頭"라고 나오는데, 머리에 씌우는 주머니를 무릅으로 이해한 듯하다.

19 칼(枷).

맡아 볼 재주는 없사오나 두 마음을 품었다는 비난은 면할 줄로 생각했사
외다. 담을 넘고 구멍을 뚫는 도적놈이 있을 줄이야 어찌 꿈엔들 요량했사
오리까? 어리석은 등신으로 앉아 있었던 것이 심히 부끄럽사오나 저의 마
음만은 하늘이 내려다보고 계시외다.

그다음 지게문직신이 공술한다.

여쭈옵기 참으로 황송하외다. 저는 맡은 바 직분을 생각하옵고 혹시나 마
음이 태만할까 봐 항상 경계했사외다. 자물쇠를 튼튼히 채워 두어서 남들
이 감히 엿볼 수 없사옵고 빗장을 밤낮 질러 두었으니 누가 능히 들어가오
리까? 그래도 혹시나 행담行擔[20]을 열고 자루를 메는 도적놈들이 첨하檐
下[21]에 오르고 바람벽에 기어가는 꾀를 부릴까 봐 항상 염려했사오나 이
하찮은 짐승이 그처럼 대담할 줄이야 누가 생각했사오리까? 저의 태만한
죄는 감히 변명하올 염치가 없사옵고 이밖엔 아무것도 모르외다.

창고신은 그들의 공술을 듣고 나서 그들을 옥에 가두어 두고 다시
쥐더러

이제 문초한즉 큰문직신과 지게문직신은 모두 억울하다 하니 네게 도적
질을 가르쳐 준 놈이 정녕 따로 있을 게다. 어서 다시 아뢸지어다.

---

20 길 가는 데 가지고 다니는 작은 상자.
21 처마의 아래.

사촉자들

:

고양이에서

용까지

쥐는 다시 고쳐 공술한다.

실상인즉 큰문직신과 지게문직신뿐만이 아니오라 푸른 고양이(猫)와 누른 개(犬)도 저를 사촉했사외다.

창고신은 또 고양이와 개를 결박해다 놓고

너희가 쥐더러 도적질하라고 가르쳐 주었지?

이 말을 들은 고양이와 개는 깜짝 놀란다. 고양이는 몹시 암상스러운[1] 어조로 공술한다.

---

[1]   암상스럽다: 남을 미워하고 샘을 잘 내는 데가 있다.

아뢰옵기 황송하오나 하느님이 저희를 낳으사 쥐 잡는 직책을 맡기시옵기에, 저는 이 중대한 임무를 저버리지 않으려고 항상 창고 주변을 돌아다니면서 기회를 기다리다가 날카로운 발톱과 어금이[2]를 시험하오며 항아리와 단지 사이로 들어가서 엿보고 있다가 날쌔게 잡아먹사외다. 욕심껏 배를 불리오니 어찌 한 놈인들 남길 리가 있사오리까? 용맹과 위엄을 보이면 놈들은 모두 숨을 죽이고 그림자를 감추었사외다. 그러나 이처럼 무함誣陷[3]을 당하오니 그놈의 씨를 전멸하지 않았던 것이 후회 천만이외다.

그다음 개는 컹컹거리며 공술한다.

아뢰옵기 황송하오나 저는 밤 지킴을 심히 부지런히 하와 한 번도 소홀히 한 적이 없사외다. 사람이 지시만 하면 그놈을 영락없이 잡아내며 땅을 파서 종적을 찾기만 하면 날쌔게 붙들 수 있사외다. 어느 때에는 정주鼎廚[4]에서 잡아내었고 어느 때에는 뒷간에서도 몰아쳤사외다. 강약이 부동(强弱不同)하므로 그놈은 저를 원수로 인정했사외다. 이제 얼토당토않은 무고를 입고 보니 분하기란 오장이 찢어질 지경이외다.

창고신은 두 짐승의 공술을 듣고 나서 그들을 옥에다 집어넣고 다시 쥐더러

---

2 어금니의 북한어.
3 없는 사실을 그럴듯하게 꾸며서 남을 어려운 지경에 빠지게 함.
4 부엌과 안방 사이에 벽이 없이 부뚜막에 방바닥을 잇달아 꾸민 부엌. 함경도 지방에서 많이 볼 수 있다.

고양이와 개는 너와 원수 간인데 내가 밝지 못한 탓으로 그들을 잡아다가 질문은 했으나 그들의 공술을 들은즉 그 억울한 걸 알 수 있다. 재판의 격식이 심히 엄중하므로 그들을 즉시 석방은 아니하나 복수하려는 너의 꾀통은 드러났다. 너는 어째서 고렇게 간사하고 흉칙하뇨?

하고 다시 다조아[5] 물었다.

쥐는 다시금 모양사리가 비슷하고 또 남들이 서로 같은 종류로 인정할 수 있는 그러한 짐승을 골라 대려고 생각했다. 그래서 그는 족제비(狌[6]=甦=鼬鼠)와 두더지(鼴)가 범죄의 사촉자라고 말했다. 창고신은 즉시 족제비와 두더지를 결박해다가 물었다.

너희가 쥐더러 곡식을 훔쳐 먹으라고 사촉했다지. 썩 바삐 자백하라.

족제비는 짧은 다리를 꿇고 공술한다.

여쭙기 황송하오나 저는 본디 산기슭, 수풀 속에서 사옵고 인가와 촌락에는 발을 들인 적이 한번도 없사외다. 만수천산에 어딜 가기로니 살 데 없사오리까. 이럭저럭 지나오나 어찌 본분에 벗어나오리까? 잎을 가리고 가지에 깃들이오며 도토리를 줏고 밤을 따 먹사외다. 이러하옵거늘 그 고얀 놈이 이 몸을 끌어대고 제 스스로 빠져나가랴 하오니 얼토당토않은 수

---

5   다조지다(다좃다)/다좃치다(다좃다): 일이나 말을 섣불리 하지 아니하도록 매우 단단히 주의를 주다의 뜻인 듯하다.

6   '성狌'이라는 한자에는 원숭이와 족제비 두 가지 뜻이 있다. 최익한은 족제비로 보았다.

작이 이럴 법 있사오리까?

그다음 두더지는 얼떨떨하여 땅구멍으로 기어 들어갈 듯이 썰썰거리며 공술한다.

여쭈옵기 황송하외다. 저는 만물의 가온데[7]에 가장 미약한 종류로서 별을 싫어하고 그늘을 좋아하와 해만 보면 곧 형적을 감추옵고 구멍에서 항상 땅이 꺼질 것을 두려워하외다. 불행하게도 하느님이 점지해 주신 얼굴이 그 간악한 놈과 같사오나 속마음은 아주 다르외다. 만물의 영장인 인간도 오히려 착한 사람 악한 사람의 구별이 있사옵거늘 이 미물인들 어찌 그놈과 같이 다 간사하오리까? 그놈의 간악이란 겨누어 말할 데가 없사옵기에 저는 그 놈과 한자리에 앉기를 참으로 부끄러워하외다.

창고신이 족제비와 두더지의 공술을 듣고서 그들을 불쌍히 생각했으나 당분간 옥에 가두어 놓고 쥐더러 이른다.

세상에는 얼굴은 같으나 마음은 다른 자가 많이 있다. 내가 널 미워하는 건 너의 얼굴이 아니라 너의 마음을 미워하는 것이다. 너의 털과 가죽도 저들과 같으며 너의 허울과 몸집도 저들과 같으며, 기어 다니는 것도 같으며 깊숙이 숨어 사는 것도 저들과 같으나, 다만 같지 아니한 건 너의 마음이다. 그러니까 너는 지금부터 얼굴은 비록 다르나 마음은 같은 자를 바로

---

7   가운데의 방언.

고해 바쳐야만 한다.

이때 어른 쥐의 빳빳한 수염은 약간 까불까불하면서 똥그란 감은 두 눈알은 금방 톡 튀어 나올 듯했다. 그는 분한 마음을 참을 수 없으나 그렇다고 감히 빛을 보일 수도 없었다. 그래서 쥐는 다시 하얗게 늙은 여우(狐)와 아롱빛나는[8] 살가지(狸)[9]를 사촉자로 대었다. 창고신은 즉시 여우와 살가지를 결박해다가 물었다.

너희가 과연 쥐더러 나라 창고의 곡식을 도적질하라고 가르친 거냐?

여우는 간사한 웃음소리 섞인 말로 공손히 공술한다.

여쭈옵기 진실로 황송하옵니다. 저 같은 짐승은 땅을 파고 사오며 무덤을 집으로 하옵나이다. 끝없이 조심하와 항상 사냥꾼의 위협을 두려워하오 며 마음대로 변형하오매 어찌 아첨을 일삼으오리까? 얼음을 보고도 꺼질 까 봐 감히 드디지[10] 못하옵거든 하물며 음식을 찾아서 못갈 데를 가오리 까? 험살[11]궂은 저 놈의 말이란 참으로 먼지도 안 묻은 거짓말이외다. 창 황히 삷으오니 흑백은 저절로 판명될 줄로 믿사옵니다.

---

8   아롱아롱하게 빛나는
9   살쾡이.
10   드디다: 디디다.
11   울퉁불퉁하여 고르지 못하거나 아늑하지 못한 상태.

그다음 살가지는 암상히[12] 흐르는 목소리로 공술한다.

여쭈옵기 황송하오나 저는 본디 임하林下의 청한한 종족이오며 산간의 미천한 백성이외다. 항상 배를 움켜잡고 주리오나 공연히 닭 도적놈의 이름을 듣사오며 마땅히 체면을 지키옵기에 비열한 여우 무리와는 상종하지 않사외다. 거친 숲속에 길들면서[13] 쓰지 못할 짐승이나 골라 먹사옵고 차디찬 갈대밭에 엎드렸다가 하찮은 새들이나 잡아 삼키옵내다. 저 같은 것이 비록 세상에 이익은 없다 하오나 또한 사람에게 해는 주지 않사외다. 저런 놈과는 본디 다른 종류오니 어찌 같은 심보를 가졌사오리까?

창고신은 문초를 마친 다음 여우와 살가지를 옥에 가두어 두고 다시 쥐더러 묻는다.

여우와 살가지는 아무리 간사하고 요사스러운 짐승으로 패를 차고 있지만 지금 그들의 공술을 들건대 그럴 법도 하다. 어느 놈이 너를 사촉했느냐? 바루 아뢰야만 한다.

쥐는 다시 밭고랑의 고슴도치(蝟)와 바위 밑 수달(獺)이 사촉했다고 찍어 대었다. 그래서 창고신은 고슴도치와 수달을 결박해다 놓고 문초했다.

---

12 암상스럽게.
13 길들다: 익숙해지다.

고슴도치는 몸을 동그란 밤송이처럼 옹그리고[14] 공술한다.

여쭈옵기 대단 황송하오나 저는 몸 길이는 한 자도 못되옵고 털카락[15]은 가는 바늘 같사외다. 일신의 자유를 위하여는 산간 수목이 저의 집이옵고 한 번 배부르기 위해서는 외밭(苽田) 고랑이 저의 밥자리외다. 때를 따라 구부렸다 폈다 하오며 맘대로 크락 작으락 하외다. 얼굴은 비록 잘나지 못 했사오나 입은 지극히 삼가 하나이다.

그다음 수달은 그 풍성한 모발을 쓰다듬으며 공술한다.

여쭈옵기 황송하오나 저는 물에서 생장하옵고 바위 밑에서 노니외다. 산에 오르면 개 몰이 손이 겁나옵고 눈을 밟으면 매 사냥꾼이 두렵사외다. 한갓 모발이 아름답기 때문에 항상 신명을 구치외다.[16] 좀도적 놈의 구초 口招가 무고한 이 몸에까지 미치오니 차라리 입을 다물고 변명을 일삼지 않으려 하외다.

창고신은 초사를 받고 고슴도치와 수달을 옥에다 가둔 다음 쥐더러 묻는다.

---

14 옹크리고.
15 '털카락'이라는 용어는 용례가 보이지 않는데, 《서옥설》 원문의 모책여침 毛磔如針을 제대로 표현하기 위해 만든 듯하다.
16 구치다: '궂히다'를 발음나는 대로 쓴 듯하다. 궂히다는 죽게 하다, 그르치게 하다는 뜻.

고슴도치와 수달은 너의 범죄에 아무런 관련도 없는 듯하다. 너를 사촉한 놈은 따로 있을 것이니 어서 고백하여야만 한다.

쥐는 다시 고쳐서 노루(獐)와 토끼(兎)가 사촉했다고 한다. 그래서 창고신은 그 두 짐승을 결박해다 놓고 문초를 한다.

노루는 자기의 정직한 마음을 믿고 삼지창三枝槍처럼 생긴 두 뿔을 번쩍 들며 공술한다.

여쭙기 황송하외다. 남들은 저의 다리가 멋없이 길다고 조롱을 하오나 저는 위풍당당하게 성큼성큼[17] 걷는 걸음을 영웅 활보闊步라고 자랑하외다. 저의 고기가 가끔 사람의 식탁에 오르기에 항상 간사한 그물에 걸릴까 봐 조심조심하외다. 저의 본성은 청산을 사랑하고 밀림을 기뻐하외다. 떼(茅)[18] 뿌리에 누워서 달게 자고 연한 풀잎을 골라 넣을 뿐이외다. 천만 의외에 이런 봉변을 당하오니 이야말로 도깨비가 죄를 짓고 벼락은 고목나무가 맞는 셈이외다.[19] 하도 억울하와 긴 다리를 구부리고 긴 목을 늘쳐 가면서 하소연하외다.

그다음 토끼는 몹시 놀란 태도로써 고개를 바짝 쳐들고 공술한다.

---

17 성큼성큼.
18 흙이 붙어 있는 상태로 뿌리째 떠낸 잔디.
19 '죄는 천도깨비가 짓고 벼락은 고목이 맞는다'는 속담으로, 나쁜 짓을 해서 이익을 차지하는 사람과 그것에 대한 벌을 받는 사람이 따로 있는 경우를 비유적으로 이르는 말.

여쭈옵기 황송하오나 중산中山[20]은 저의 본향本鄕이옵고 동곽東郭[21]은 저의 외가외다. 월궁계수月宮溪樹를 바라보오니 선약仙藥[22]을 찧던 기억이 새로우며 관성봉토管城封土[23]를 생각하오면 옛날의 호강이 그리옵소이다. 지혜는 세 굴(三窟)[24]을 가졌삽고 수명은 천 년을 살 수 있사외다. 이같이 고귀한 몸으로서 어찌 저 더럽고 무지한 놈과 통모를 했사오리까? 누명을 씻기 위해서는 저의 간이라도 끄집어 내어서 보여 드리오리다.

창고신은 초사를 받고 노루와 토끼를 옥에다 가두어 둔 다음 쥐를 꾸짖고 바로 대라고 족쳤다. 쥐는 다시 사슴(鹿)과 멧돝(豕)[25]을 찍어 대었다.

천만 뜻밖에 붙들려 온 사슴과 멧돝을 법정 마루 아래에 앉히었다. 사슴이 먼저 공술한다.

---

20 (원주) 중산: 한유韓愈의 《모영전毛穎傳》(붓을 사람으로 가상해 지은 전기)에 "토끼 조상은 중산에 살았다"고 했다.
21 (원주) 동곽: "중국의 전국시대 제齊나라 순우곤淳于髡이 위왕威王을 달래 가로대, "한로韓盧란 것은 천하의 날랜 개며 동곽준東郭逡이란 것은 천하의 교활한 토끼였는데, 한로가 동곽준을 추격해 다섯 번 산꼭대기에 오르고 세 번 산 둘레를 돌아서 토끼는 앞에서 넘어지고 개는 뒤에서 기진하여 두 놈이 다 죽어 버렸다. 그곳에 있던 농부는 아무런 수고도 하지 않고 두 놈을 한꺼번에 주워서 제 공을 자랑했다. 지금 제나라와 위魏나라가 맞붙어 싸워서 두 나라가 다 피곤하면 강한 진秦나라와 큰 초楚나라가 그 뒤를 밟아 농부의 공을 거둘까 두려워한다"했다"《춘추후어春秋後語》).
    (보완) 여기서 최익한은 東郭逡을 東郭㕙으로 잘못 썼다.
22 (원주) 선약: 옛날 상아嫦娥란 선녀가 서왕모西王母라는 선녀의 불사약을 도적질해서 월궁으로 달아가서 옥토끼로 화하여 계수나무 옆에서 약을 찧었다 한다.
23 (원주) 관성: 역시 한유의 《모영전》에 "모영(토끼 털로 만든 붓을 의미한 것)을 관성(붓대와 뚜껑을 의미한 것)에 봉했다"고 했다.
24 (원주) 세 굴: "풍원馮瑗의 말에 "교활한 토끼는 세 개의 굴을 가지고 있다"고 했다《사기史記》).
    (보완) 《사기》, 〈맹상군열전〉에 나오는 맹상군의 식객인 풍원이 한 말이다. 《전국책》(〈제책齊策〉 4)에는 풍훤馮諼으로 기재되었다.
25 멧돼지.

저는 본디 처사의 신분이오 신선의 벗이외다. 일찍이 주왕周王의 동산[26]에서 자유로 놀았더니 시인은 흥야興也라 부야賦也라 읊었으며,[27] '정鄭나라 파초'[28] 밑에 누웠더니 초부樵夫는 참인가 꿈인가 했사외다. 항상 화살 가진 무리에게 놀랐으며 그물코가 많은 세상을 경계하외다. 뿔은 비록 길지만 한 번도 법에 저촉해 본 적이 없는 저로서 평생에 남의 것을 쓸어먹고만 사는 몹쓸 이빨의 짐승과 무슨 통모를 했사오리까?

멧돝은 성이 크게 나서 주둥이를 내저으며 공술한다.

저는 가장 완미하고 드러받기[29]로 유명한 놈이외다. 입은 더러운 것을 가리지 않고 함부로 먹으니 배는 항상 북통 같사외다. 주둥이는 못 뚫을 것 없고 내달음은 막을 장사가 없사외다. 그러나 항상 으슥한 산판에서 오르락내리락 했삽고 한 번도 들판을 짓밟아 본 일이 없사외다. 우둔한 건 사실이오나 간사하단 건 터문 없는 말이외다. 대가리가 깨어질지언정 마음은 굽힐 수 없사외다.

창고신은 사슴과 멧돝을 옥에 넣고 다시 쥐를 족쳤다. 쥐는 또 양羊과 염소(羖)를 찍어 대었다.

---

26 (원주) 주왕의 동산: "문왕의 동물원에서 사슴들이 놀았다"(王在靈囿 麀鹿攸伏)는 시가 《맹자》에 인용되었다.
27 《시경》에 수록된 시는 표현 형식에 따라 흥興·부賦·비比로 나누었으므로 결국 시를 읊었다는 뜻이다.
28 (원주) 정나라 파초: 옛날 정나라 나무꾼 하나가 들에 나가서 사슴을 잡아 죽여서 파초 잎으로 덮어 감춰 두고 크게 기뻐하다가 조금 지나 감춰 둔 곳을 잊어버리고 그 사실을 꿈으로 인정했다. 《열자列子》란 책에 쓰여 있다.
29 들이받기.

양과 염소는 끌려오면서 앵앵 앵앵 우는 소리를 지르다가 재판정에 들어서서 양이 먼저 공술을 한다.

저는 뿔 있는 짐승의 하나로서 솜 같은 털옷을 입고 산기슭에서 걷고 풀밭에서 잠자와 자연을 사랑하고 본성을 지키기에 가장 충실하외다.

그다음 염소가 공술한다.

저의 털은 한 빛이 아니고 고기 품등은 '세 가지 희생'[30]에 들어 있으므로, 세시 명절에 푸줏간의 액운을 두려워하와 바람, 비를 무릅쓰고 초원의 풀을 너을며 목자의 채찍을 원하지 않사외다. 온 세상이 떠들더라도 저에겐 털끝만 한 허물도 없사외다.

창고신은 초사를 받고 나서 양과 염소를 옥에 가두고 다시 쥐더러

양과 염소는 사실로 억울하다. 누가 너를 사촉했느냐

고 고문했다. 그래서 쥐는 다시 원숭이(猿)와 코끼리(象)를 찍어 대었다. 원숭이는 법정에 들어서서 창고신을 바라보고는 가장 민첩한 말로 공술한다.

---

30   (원주) 세 가지 희생: 《예기》에 소, 양, 돝을 삼생三牲이라고 했다.

여쭈옵기 대단 황송하외다. 저는 일찍이 초패왕楚覇王에게 망신을 당하옵고[31] 파촉巴蜀 산천에 은거하와, 때때로 슬픈 노래를 불러서 밝은 달밤에 외로운 배를 타고 있는 나그네[32]의 꿈을 깨우며, 가을바람 깊숙한 산협에 홀로 읊고 있는 시인[33]의 간장을 끊었사외다. 나뭇가지를 더우잡고[34] 깃들이며 산간의 과실을 따서 허기를 면하외다. 세상 밖에서 노닐고 있사오니 그림잔들 어찌 인간에 비추었사오리까? 범죄자를 사촉했단 것은 참으로 먼지도 안 묻은 거짓말이외다.

그리고 동아줄 같은 쇠사슬에 묶이고 수백 명의 신병에게 끌려 온 코끼리가 공술한다.

저의 긴 아금이[35]는 보배로 일컫고 남다른 체격은 세상을 놀라게 하외다. 산악같이 서면 모든 귀신이 음썩하지[36] 못하며 질풍같이 달리면 천병만마가 조수처럼 물러서외다. 비록 만물의 영장은 못되오나 실로 백수百獸

---

31 (원주) 초패왕에게 망신을 당하옵고: 남들이 항우項羽를 '원숭이 갓을 쓰고 있는 것'이라고 비평했으므로(沐猴而冠. 沐猴는 獼猴인데 원숭이의 일종) 망신을 당했다 한 것이다.

32 (원주) 나그네: 당唐나라 길사로吉師老의 〈방원放猿〉이라는 시에 "啼時莫近瀟湘岸, 明月孤舟有旅人"이라 했다.
    (보완) 제목처럼 원숭이를 풀어줄 테니 "부디 소상강 강가에서 울지는 말거라. 밝은 달 외로운 배에 나그네 있을 것이니"라고 당부한 내용이다.

33 (원주) 시인: 두보杜甫의 시에 "殊方落日玄猿哭", "巴東三峽猿鳴悲, 猿鳴三聲淚霑裳".
    (보완) 앞의 구절은 중국 당나라 시인 두보의 〈구일九日〉이라는 시의 한 구절인데, "타향 땅에 해가 지는데 원숭이 울부짖고"라는 뜻이다. 뒤의 구절 〈파동삼협가〉는 곽무천郭茂倩의 《악부시집樂府詩集》 권86, 《잡곡가사雜曲歌辞》에 실린 악부시이다. 원문은 "巴東三峽巫峽長, 猿鳴三聲淚霑裳 / 巴東三峽猿鳴悲, 猿鳴三聲淚霑衣"인데 최익한은 이를 축약해서 쓴 것으로 보인다. 뜻은 다음과 같다. "파동의 삼협에는 원숭이 우는 소리 들리고, 나그네가 밤에 이 소리 세 번 들으면 눈물로 옷을 적시네."

34 더우잡다: 움켜잡다.

35 어금니.

36 '움썩하다'는 뜻인 듯.

의 왕으로 자처하외다. 그러니 세상에 우습고 기맥힐 일도 있사외다. 범은 저를 겁내고 고양이는 범을 겁내고 쥐는 고양이를 겁내건마는, 쥐가 고양이게 쫓기어 갈 데가 없으면 저의 콧구멍을 쥐구멍으로 알고 기어들어 오는 것이 아주 질색이외다. 그래서 쥐라고 하면 저는 천리만리 피해 가외다. 그런데 그 고약한 원수 놈의 쥐가 저를 망칙한 범죄의 사촉자로 찍어 대었사오니 이런 분할 데가 어디 있사오리까? 고놈을 저게 맡기시면 당장에 밟아 죽이오리다.

창고신은 초사를 다 받은 다음 그들을 옥에다 넣었다. 다만 코끼리는 무쇠로 만든 크나큰 감방에다가 가두어 두었다.

창고신은 다시 쥐더러 원숭이와 코끼리가 관계하지 않았단 것을 준절히 말한 다음 사촉자를 바로 대어라 했다. 쥐는 다시 이리(狼)와 곰(熊)을 대었다. 창고신은 좌우 나졸에게 이리와 곰은 다 산간의 맹수인 즉 소홀히 닦달하지 말라고 명령했다.

이리는 먼저 공술한다.

저는 신수가 불행하므로 공연히 탐욕의 이름을 듣사와 말썽 많은 세상의 길을 피하고 깊고 그윽한 산간에 숨어 있사외다. 주리면 약한 짐승의 고기는 먹을지언정 사람들 해치는 노릇은 한 번도 하지 않았사외다. 무리를 데리고 화락하게 생활하고 모든 악명은 운수에 맡겼사옵더니 천만 의외에 이러한 횡액을 당하오니 꿈엔들 어찌 생각했사오리까? 부끄럽기 그지없사외다.

그다음 곰은 미련스러운 태도로 공술한다.

저는 제물에 된 털옷이 족히 추위를 막을 수 있사오며 날 적부터 타고난 힘은 천 근의 무게를 능히 들 수 있사외다. 만첩청산에 높은 가지를 더우잡고 과실로 배를 채우며 삼동설한에 깊은 굴을 찾아 들어 발바닥을 핥고 있사외다. 혹은 복인福人의 꿈속에 나타나서 아들을 점지[37]하오며 항상 산군山君(범)의 이름과 같서서[38] 위풍을 떨치외다. 이렇게 거룩한 몸으로서 어찌 조고마한 미물과 서로 통모하오리까? 생각하오니 이가 갈리고 몸서리가 나외다. 고놈을 능지처참하더라도 분이 풀리지 않겠사외다.

창고신은 곰과 이리를 모두 옥에 가두어 둔 다음에 다시 쥐를 고문했다. 쥐는 생각하기를 '이번에는 인간 생활과 일상적으로 직접 관계가 있는 가축들을 찍어 댈 수밖에 없다'고 하고, 노새(騾)와 나귀(驢)를 사촉자로 지명했다. 창고신은 노새와 나귀를 잡아다가 뜰 아래 세워 놓고 크게 꾸짖었다.

노새는 사나운 눈을 부릅뜨고 공술한다.

저의 본가는 여驢 씨오며 외가는 마馬 씨로서[39] 혈통으로나 가정교훈으

---

37 (원주)《시경》에 "곰을 꿈꾸었는데 점을 한즉 남자를 낳을 좋은 징조"라고 했다.
    (보완)《시경》,〈소아小雅 기부지십斯干之什〉, '사간장斯干章'에 "곰 꿈을 꾸는 것은 사내아이를 낳을 조짐이고 뱀 꿈을 꾸는 것은 여자아이를 낳을 조짐"(維熊維羆 男子之祥 維虺維蛇 女子之祥)이라고 했다.
38 같서다: 나란히 서다.
39 노새는 수나귀와 암말의 잡종이라는 뜻이다.

로나 쥐같이 간사하고 더러운 미물로 더불어 사람을 해칠 일을 할 수는 만무하외다. 무거운 짐을 지고 한 번도 넘어져 본 적이 없사오며 아무리 위험한 전장에서도 항상 선두에서 돌진했사외다. 거짓말하는 놈의 대가리를 베어 저의 목에다가 달아 주옵소서.

그다음 나귀는 체신이 작아도 꾀가 많은 짐승이기 때문에 조금도 당황한 빛이 없이 공술한다.

저는 귀가 한 자나 길고 소리가 산천을 울리외다. 남들은 저를 사납고 간교한 놈으로 오해하고 있사오나, 실상은 성질이 우직하와 안 된 놈들을 보면 뒷발로 차버리지 아니할 수 없사외다. 체신은 비록 난쟁이 같사오나 풍정은 대단 고상하와, 눈보라 치는 길에 '매화梅花 찾는 시인'[40]을 태워다 주오며 꽃비 뿌리는 촌락에 술 사러 가는 손님을 짝하기도 했사외다. '검산黔山의 숲속[41]에서' 불행히 호람虎嚥[42]을 당하와 한때 위신이 추락되었사오나, '장선張仙의 상자 속에서'[43] 오히려 조화를 부리어 기적을 나타냈

---

40 (원주) 매화 찾는 시인: 당나라 시인 맹호연孟浩然이 눈길에 나귀를 타고 매화를 찾아갔다.
41 (원주) 검산의 숲속에서: 중국 옛날 검이라는 지방 사람이 나귀를 산중에 놓아두었더니, 호랑이는 나귀의 커다란 덩치와 요란스러운 울음소리에 놀라서 감히 범접하지 못했다가 차차 두고 보니 뒷발로 차는 재주 밖에는 아무 다른 장기가 없었다. 그래서 호랑이는 달려들어서 산멱을 물어 죽여 먹어 버렸다. 이 뒤부터 실속 없이 위풍만 자랑하다가 욕을 보는 자, 또는 별 재주 없고 쓸모없는 자를 '검려지기黔驢之技'라고 하는 속담이 생겼다(유종원柳宗元의 글에 쓰여 있다).
　(보완) 《유하동집柳河東集》 권19, 〈검지려黔之驢〉에 나온다. 최익한이 '금산'이라 한 것을 '검산'으로 수정했다.
42 호랑이에게 잡아먹히다.
43 (원주) 장선의 상자 속에서: 《무횡선전無橫仙傳》에 "옛날 중국 장과로張果老라는 신선이 흰 나귀를 타고 다니다가, 쉴 때에는 나귀를 종잇장처럼 접어서 상자 속에다 넣어 두고 다시 탈 때에는 물을 뿜으면 그 종이는 도로 나귀로 되었다"는 전설이 있었다.

사외다. 이제 참혹한 무고를 당하와 네 굽을 땅에 조아리며 억울한 비명을
울리나이다.

창고신은 노새와 나귀의 초사를 받고 나서 그들을 옥에 가두고 다
시 쥐를 추궁했다. 늙은 쥐는 소(牛)와 말(馬)을 찍어 대었다.
창고신은 소와 말이 사촉했다는 말에 크게 놀라며 즉시 포교를 보
내어 그들을 앞뒤로 채찍질하며 끌어 왔다. 갑자기 끌려온 소는 대단히
놀랐으나 사람을 믿는 마음으로 정직히 공술한다.

여쭈옵기 황송하오나 저는 사실 무죄하외다. 미련한 짐승이오나 미천한
가문은 아니외다. 저의 선조는 일찍이 도림桃林[44]평야에서 풀을 먹고 태
평세월을 보냈사오며, 제성즉묵齊成卽墨[45]에서 불을 무릅쓰고 거룩한 군
공을 세웠사외다. 청렴하기론 '소부巢父와 함께 물을 마시고'[46] 천하를 사
양하샸사오며, 빈한하기론 영척甯戚을 따라 '고각叩角의 노래'[47]를 들었

---

44 (원주) 도림: 옛날 주무왕周武王이 은주왕殷紂王을 치고 돌아와서 소를 도림 들에 놓아 먹였다.
45 (원주) 제성즉묵: 전국시대 제나라 장군 전단田單이 연燕나라 군대를 격퇴하기 위해, 1000마리 소에
   오색 옷을 입히고 그 뿔에 칼을 비끌어 매고 그 꼬리에다 불 끄림사리를 달고 즉묵성 밑을 뚫어 밤중에
   비밀히 소 떼를 내보내고 장사 5000명으로 그 뒤를 따라 적진을 돌격케 하니, 불은 밝고 적군은 소뿔
   에 부딪혀 쓰러진다. 장사들은 기세 좋게 달려들어 적을 격멸했다.
   (보완) 비끌어 매다: 줄이나 끈 따위로 서로 떨어지지 못하게 붙잡아 매다.
   (보완) 끄림사리: 《전단열전》에 "전단이 소꼬리에 기름 먹인 갈대를 묶었다"(灌脂束葦於尾)고 한다.
   '끄림'은 '그을음'이란 뜻이고 '사리'는 '국수, 새끼, 실 따위를 동그랗게 포개어 감은 뭉치'라는 뜻이
   니, 대략 불에 그을려(혹은 태운) 갈대(섶) 뭉치 정도의 뜻으로 추측해볼 수 있을 듯하다.
46 (원주) 소부와 함께 물을 마시고: 중국 전설에 상고시대에 요堯라는 임금이 왕위를 소부라는 은사에
   게 양위하려 하니, 소부는 더러운 소리를 들었다고 하며 영천潁川 물에 귀를 씻고 송아지를 물고 가버
   렸다 한다. 그때 허유許由라는 처사는 영천 하류에서 소를 물 먹이다가 소부가 귀를 씻는 것을 보고 그
   물이 더럽다고 하여 소를 몰고 상류에 가서 먹였다.
47 (원주) 고각의 노래: 중국 춘추春秋시대에 제나라 사람 영척이 빈한한 선비로서 쇠코 중의를 입고 소
   를 먹이어 소뿔을 두드리며 노래했다. 제환공齊桓公이 듣고 그를 맞아다가 정승을 시켰다.

사외다. 세상이 말세라 저의 '기침을 묻는 어진 정승'[48]을 만나지 못했사오며, 운수가 비색하와 저의 '궁둥이를 비방하는 속담'[49]이 돌아다니외다. 힘껏 밭을 갈아 백성을 먹이고 항상 말이 없어 공로를 자랑하지 않사외다.

그다음 말은 무슨 영문인 줄도 모르고 끌려와서 창고신의 엄중한 심문을 받고는 한참 답변도 없이 머리를 들고 하늘을 쳐다볼 뿐이었다. 일찍이 천하 명마로 명성을 날리던 놈으로서 지금은 병든 몸이 되어 그 좀스럽고 간악한 짐승의 구초를 입었으니, 신세가 하도 가련하여 슬픈 소리로 간단히 공술한다.

저는 옛날 주목왕周穆王이 타고 천하를 주류하던 팔준마八駿馬[50]의 후손이오며, 연소왕燕昭王이 천금千金을 가지고 사들이던 사마골死馬骨[51]의 풍골이외다. 힘껏 먹지 못하는 병든 놈으로 마판의 신세를 지고 있사오며 늙어서 쓸데없다고 하니 그 누가 천리마의 재주를 알아주오리까? 뜻밖에

---

48 (원주) 기침을 묻는 어진 정승: 옛날 한漢나라 정승 병길丙吉이 바깥에 나가서 길에서 죽어 넘어진 사람을 보고도 그냥 지났으나 소가 혀를 빼물고 기침하는 것을 보고는 그 이유를 물었다. 이는 아직 더위가 없는 봄철에 소가 기침하는 것이 기후의 괴변이라고 생각한 때문이다.

49 (원주) 궁둥이를 비방하는 속담: 중국 속담에 '차라리 닭의 입은 될지언정 소 궁둥이는 되지 말라'(寧爲鷄口 毋爲牛後)고 했다.

50 (원주) 주목왕의 팔준마: 주나라 목왕이 팔준마를 타고 천하를 주류하며 요지瑤池에 가서 서왕모를 만났다는 전설이 있다.
   (보완) 요지는 신선이 사는 못. 중국 곤륜산에 있다고 한다. 여기서 요지경瑤池鏡이라는 말이 나왔다.

51 (원주) 연소왕의 사마골: 전국시대 곽외郭隗가 연소왕에게 말하기를 "옛날 어떤 임금이 사람을 시켜 천금(천근의 금에 해당하나 그 시대 화폐의 단위 계산에 따라 내용이 일정치 않았다)을 가지고 타국에 가서 천리마를 사서 오라고 했더니, 그 사람이 가본즉 천리마는 이미 죽었으므로 그 죽은 말의 머리를 500금으로 사서 돌아왔습니다. 세상에서 이 소문을 들은 말 장사들은 기뻐하며 '죽은 말 뼈도 500금을 주고 사거든 산 천리마야 천금을 아끼지 아니할 것'이라고 하고, 일 년 이내에 천리마를 가지고 온 자가 셋이나 되었습니다. 왕께서 어진 선비를 구하시려거든 먼저 이 어리석은 곽외를 우대하시면 천하의 어진 선비가 모두 다퉈가며 왕의 앞에 모여들 것입니다" 했다.

서배鼠輩의 구초를 입사오니 입을 들어 변명조차 하고 싶지 않사외다.

창고신이 소와 말의 공술을 듣고는 불쌍한 마음이 났으나 오히려 석방하지 않고 옥에 가두었다. 그리고 쥐를 불러 크게 꾸짖고 한바탕 난장亂杖을 먹였다. 쥐는 난장을 맞으면서도 한 꾀를 내어 이 세상에 없는 기린과 이 나라에 없는 사자를 사촉자로 찍어 대었다.

쥐의 구초를 들은 창고신은 역시 한참 생각해보았다.

기린은 어진 짐승으로서 용과 봉황과 거북으로 더불어 사령四靈의 칭호를 듣는데, 고약한 쥐새끼와 통모했을 리가 만무하다. 그러나 속담에 '점잖은 개가 부뚜막에 올라앉는다'는 격으로 혹시 알 수 없다. 사자는 백수百獸의 어른으로 또 수만 리 타국에 있는데 쥐와 같은 미물의 범죄에 관계했을 리가 있겠는가? 그러나 세상에는 귀신도 모를 일이 많으니까.

가장 지혜스럽고 용맹 있는 신장 수십 명을 불러서 분부하기를

그대들은 두 패로 나누어서 한 패는 바루 평양 부벽루浮碧樓 뒤에 있는 기린 굴을 가서 수색해 옛날 '동명성제東明聖帝가 길러 놓은'[52] 가장 늙은 기린 한 마리를 데려 올 것이며, 한 패는 곤륜산崑崙山을 넘어 오천축국五天竺國에 가서 옛날 석가여래釋迦如來가 타던 사자 한 마리를 잡아서 돌아올 것

---

52 (원주) 동명성제가 길러 놓은: 우리나라 전설에 동명성제(고주몽)가 기린을 기르던 기린 굴이라고 하는 평양 부벽루 뒤 모란봉 밑에 땅을 파고 돌로 쌓은 굴이 지금도 있다.

이라고 했다. 그래서 신장들은 번개같이 날쌔게 창고신의 명령대로 거행했다. 기린은 심문관의 위엄을 조금도 느끼지 않고 태연자약한 태도로 공술한다.

나는 발로 생물을 밟지 않고 맘으로 인덕仁德을 좋아하외다. 태평성세에만 스스로 나타나므로 공자는 춘추의 붓을 던지고 탄식했으며,[53] 삼척동자도 나의 이름을 알므로 '한퇴지韓退之는 해설解說'[54]을 지어 찬송하얐사외다. 나의 약한 천성은 어떠한 횡액을 당해도 보복할 생각을 가지지 아니하노니 현명하신 창고신은 잘 분간하시길 바라외다.

사자는 푸른 눈을 껌벅거리고 누른 굴레 수염을 흔들면서 공술한다.

나는 백택白澤[55]의 후손으로서 설산雪山[56]의 정기를 타고 났사외다. 한번 부르짖으면 우레 같은 소리에 온갖 마귀가 놀라 도망하며, 도사리고 앉으면 찬란한 오색五色에 모든 짐승이 저절로 땅에 엎드리외다. 톱 같은 이빨은 모진 돌멩이도 능히 물어 끊으며 강철 같은 골격은 어찌 마소의 짐을 지오리까? 뜻밖에 봉변을 당하와 변명하기가 오히려 부끄럽사외다.

---

53 공자가 말년에 《춘추》를 지을 때 기린이 감응해 현세에 출현했는데, 노나라 서쪽에서 기린이 잡혔다는 것을 공자가 듣고는 "내 도가 다했구나" 하고 탄식했다(《춘추좌전春秋左傳》, 〈노애공魯哀公〉 14, 〈예기禮紀〉).

54 (원주) 한퇴지는 해설: 당나라 문인 한퇴지(이름은 유愈)가 〈획린해獲麟解〉란 글을 지어 기린의 신이한 것을 칭송했다.

55 (원주) 백택: 사자의 이름이다. 옛날 황제黃帝가 동해東海에 순행하니 백택이 나타나서 능히 말을 했다는 전설이 있다.

56 (원주) 설산: 불경에 히말라야산맥을 설산이라고 명칭했다.

창고신은 기린과 사자의 공술을 듣고서 마음속에 대단 거북한 생각을 가졌으나

다만 옥사가 끝날 때까지 기둘려라.

하고 신병으로 하여금 수호케 했다. 그리고 다시 쥐를 고문하면서 말하기를

기린과 사자는 다 영이한 짐승인즉 너 같은 고약한 놈의 범죄를 사촉할 리가 만무하다. 바로 대지 아니하면 곧 능지처참할 것이다.

라고 했다.

쥐는 고개를 땅에 박고 한참 생각했다.

애초 기린과 사자는 창고신이 능히 잡아올 수 없을 것을 예상하고 찍어 대었던 것인데, 이제 보니 창고신의 위력이 과연 크구나! 이번에는 산중의 왕인 범(虎)과 수국의 왕인 용龍을 끌어댈 수밖에 없다. 창고신의 권력으로써는 이 두 놈들이야 능히 잡아 올 수도 없고 또 그들이 잡혀 올 리도 만무하다.

늙은 쥐는 이렇게 생각하고 서산의 백호와 동해의 청룡이 자기를 사촉한 것이라고 했다.

그래서 창고신은 신장들에게 분부하기를

범과 용은 다 조화불측한 영물들이다. 저희가 각기 왕이라고 자칭하고 있으나 역시 우리 국토 안에 살고 있는 놈들인즉, 국법에 복종하지 아니하면 안 될 것이다.

하고 정식으로 격문檄文을 발송해 자진 출두를 요청했다.

격문을 받은 범은 한참동안 생각하기를 '창고신이 비록 높은 사람이 아니나 국가의 관리로서 부르는 이상 국법을 거역할 수 없다' 하고 자진하여 왔다. 그는 법정에 들어서서 불이 흐르는 두 눈을 부릅뜨고 한 발이나 되는 꼬리를 앞으로 서리우며[57] 산악이 찢어질 듯한 소리로 공술한다.

저는 육식을 즐기나 요기療飢로써 만족하외다. 소리는 벽력과 같고 용맹은 장군을 겨누외다. 만첩청산이 나의 봉토며 천종千種 주수走獸가 나의 차반茶飯[58]이온데, 어찌 개미 새끼 같은 쥐로 더불어 간악한 행동을 꾀하얏사오리까?

이때 용은 격문을 받고 용궁을 떠나서 구름을 타고 현장에 도착해 안개가 무럭무럭 나는 입으로 공술한다.

나는 혹은 물에 잠기고 혹은 하늘을 날며 때론 구름을 타고 때론 비를 일으키외다. 만물은 그 은혜를 입고 성인은 그 덕을 칭찬하외다. 고방을 파

---

57   서리다: 뱀 따위가 몸을 똬리처럼 둥그렇게 감다라는 뜻.
58   맛있게 잘 차린 음식.

는 미물의 여화[59]가 어찌 세상과 떨어져 있는 수국에까지 미치오리까?

용은 공술을 마치고 수궁으로 돌아가려 했다. 그러나 창고신은 옥사가 끝날 때까지 머물러 있기를 청하고 부근 남대천南大川[60]의 큰 소沼[61]에다가 용왕의 일행을 인도하며 신병에게 수호하게 했다. 그다음 범은 남산의 밀림 속에다가 넣어 두고 역시 신병으로 지키게 했다.

창고신은 범과 용의 공술을 듣고 나서 크게 의혹하고 노기발발하며 쥐를 향해 질책했다.

남들이 모두 너를 간사한 놈이라고 하나 나는 오히려 믿지 아니했더니 이제야 알겠다. 국가 양곡을 도적질해 먹은 너를 당장에 천참만륙할 것이지만 잠간 형벌을 늦추고 너의 사촉자를 심문했다. 너의 목숨이 이때까지 붙어 있는 것은 실로 천행이다. 너는 응당 이실직고以實直告하여 나의 관대한 처분을 받을 것인데, 망칙한 심사를 품고 이것저것을 되는 대로 끌어대어서 공연히 옥사만 번거롭게 하고 하나도 실정을 얻지 못하게 했다. 너의 죄는 일층 가중했다. 사사집 재물을 훔쳐 내는 데도 오히려 공모자가 있거든, 하물며 국가의 창고를 뚫고 막대한 양곡을 절취하는 데 어찌 너의 일개 미물의 힘으로써 할 수 있겠느냐? 썩 바삐 사실을 토해 바칠지어다. 만일 그리하지 않는다면 당장 도끼로 너의 목을 자르고 칼로 너의 창자를 따

59　餘禍를 가리키는 듯. 남은 재난.
60　남대천이라는 이름의 하천은 우리나라에도 많은데 상징적으로 사용한 듯. 범을 가둔 남산도 마찬가지다.
61　움푹 파이고 물이 고여 있는 곳.

서 맘껏 설분하고야 말 것이다!

큰 쥐의
노회한
하소연

창고신의 벼락 같은 호령에 쥐는 감히 대꾸를 못하고 땅바닥에 납작 엎드려서 문득 생각했다.

공술이 장황하면 요령을 잡기 어려울 것이며, 끌어대기를 많이 하면 사실을 분변하기에 현란할 것이다. 이것이 옥사를 연장하는 비계며 죄상을 음폐하는 득책이다. 그러나 뿔 돋고 갈기 난 짐승들은 완고하고 미련스러워서 끈지게 변명하고 쉽사리 굴복하지 아니하며, 창고신의 노염은 더욱 심하고 최후의 형벌은 사정없이 급박하다. 이 판을 당해 비록 장탕張湯¹으로 하여금 대신 공술하게 하더라도 아무런 수가 없을 것이다.

옛날 성현의 말에 '둔사遁辭에 그 궁한 것을 안다'²고 했으니, 사이지차事

1　(원주) 장탕: 중국 전한前漢 사람. 아이 시절에 고기를 훔쳐 먹은 쥐를 잡아 그 죄상을 써서 논고한 다음 마루 밑에서 찢어 죽였는데, 그 글이 노련한 재판관과 같았다 한다.
　　(보완) 본디 장탕이 쥐를 문초했는데, 여기서는 장탕이 문초를 받고 진술하는 듯이 서술되었다. 이는 곧 쥐가 얕은 지식을 함부로 인용하는 모습을 보여 주는 듯하다.
2　둔사遁辭는 회피하는 말을 가리킴. "회피하는 말에 그 궁한 바를 안다(遁辭知其所窮)"《맹자》,〈공손추

已至此[3]하여 이치가 궁한 것을 보이면 법관은 필경 나를 둔사하는 놈으로 인정하고 곧 물고物故(죽이는 것)를 처분할 것이다. 나의 혀(舌)가 아직 있는 이상 '소진蘇秦, 장의張儀'[4]의 구변을 떨쳐서, 이미 불복한 여러 짐승의 약점들을 한꺼번에 휘몰아 논박해 법관의 총명을 현란케 한 다음에 다시 모면할 구멍을 찾아볼 것이다.

노회한 쥐는 이렇게 복안을 정한 다음 썰썰 기어 창고신 앞에 다가가 서서 두 앞발로 공수拱手하고 가냘프게 하소[5]한다.

관대하기로는 한고조漢高祖 같은 이가 없었건만 오히려 도적은 죄에 처한다 했으며,[6] 어질기론 주周나라 법 같은 것이 없었건만 도적을 다스리지 않는다고 하지 아니했사외다. 그러나 우리 현명하신 나으리께서는 저의 죄를 처단하지 아니하실뿐더러 비록 국법으로써 수범[7]을 묻기는 하시나 형벌도 아니하시고 위협도 아니하시와, 마치 자애하는 부형이 자기 자질의 조고만 과실을 꾸지람하듯 하시니, 아! 나으리님의 덕택이 아니드면 이 늙은 것은 벌써 멸종을 당했을 것이외다.

公孫丑) 상편)라고 했는데, 회피하듯이 말을 한다면 그가 이미 할 말이 없고 이치도 궁해졌음을 알 수 있다는 뜻이다.

3 일이 이미 이에 이르렀으니.

4 소진과 장의는 중국 전국시대 말의 뛰어난 유세가이다. 연나라 책사 소진은 전국 7웅 중 가장 강한 진나라를 견제하기 위해 나머지 6국이 동맹하여 대항해야 한다는 합종책을 설파했고, 이후 진나라의 책사 장의는 진나라가 6국 동맹을 분쇄하고 각각 화친해야 한다는 연횡책을 폈다.

5 억울한 일이나 잘못된 일, 딱한 사정 따위를 말하는 것.

6 한고조는 항우와 쟁패 과정에서 사람을 죽이는 자는 사형에 처하고, 사람을 다치게 하는 자와 남의 물건을 훔치는 자는 그 죄에 따라 처벌한다는 '약법삼장約法三章'을 내걸었다.

7 首犯을 가리키는 듯.

만일 저의 자식들과 손자들이 일찍 죽지 아니했더면, 마땅히 제 손으로 제 가죽들을 벗겨서 나으리님의 갖옷을 지어 드릴 것이오며 제 수염들을 뽑아서 나으리님의 붓을 만들어 드릴 것이외다.[8] 그러나 애석하게도 저의 자손들이 다 없어졌고 저의 일가들도 또한 다 망해 버렸으니, 이 죽을 날이 머지아니한 늙은 몸이 무엇으로써 태산 같은 은혜를 갚사오리까?

노회한 쥐는 이렇게 하소하고 목멘 울음에 눈물을 좍 흘리었다. 두 앞발로 합장合掌 배례하고 창고신을 우러러보며 다시 하소한다.

재생의 은혜는 비록 갚지 못하오나 명문지하明問之下[9]에 언감焉敢히[10] 꾸며서 여쭈오리까? 저의 구초에 오른 여러 짐승은 모두 한악悍惡하고[11] 교활하와 죄상을 음폐하고 사실 고백을 기피하오니, 구차스러운 정상이야 참으로 지극히 딱한 일이외다. 이 늙은 것이 구태여 그들과 언쟁하고 싶지 아니하오나, 가장 한스러운 것은 나으리님의 명찰로써도 오히려 가리운 바 있사와 그들의 간흉하고 정직치 못한 성질을 죄다 들여다보지 못하시는 그것이외다. 이 늙은 것이 평일에 익히 목도하고 기억한 바를 진술해 나으리님의 총명과 위신을 도와드리오리다.

대체로 피었다가 마르고 말랐다가 피는 것은 나무의 천성이외다. 그래서 무심無心히 피고 무심히 떨어지는 것도 또한 자연의 도외다. 그러나 복사

---

8 명필로 유명한 중국 동진東晉의 서예가 왕희지(307~365)가 쥐의 수염으로 처음 붓을 만들어 사용했다고 한다.
9 분명하게 문초하는 자리에서.
10 어찌 감히.
11 한악하다: 사납고 악하다.

꽃은 깜찍하게도 고은 빛을 보여서 사람의 눈을 호리며 얄망스럽게도 얌
전한 자태를 자랑해 사람의 마음을 산란하게 하오니, 저 연꽃의 천연한 태
도와 매화의 냉담한 운치에 비교해 보면 알 수 있지 아니하오니까? 복사
나무는 제 스스로 동쪽을 향한 가지가 능히 귀신을 꾸짖고 쫓는다고 하며
무당의 손에 들어가서 잡신의 앞에서 기도하는 소용이 되고 있사오니, 그
혹세무민惑世誣民하는 죄를 어찌 면하오리까?

더구나 옛날 진秦나라 백성이 그 가혹한 정치를 싫어하며 만리장성의 고
역을 피해 무릉도원武陵桃源[12]이란 별유천지別有天地를 찾아 들어갔으
매, 청산이 세상을 담쌓고 유수流水가 인간을 막았거늘 다만 요망한 복사
꽃이 심어 준 은공을 생각하지 않고 은자隱者의 종적을 누설하려고 청계
의 물결을 타고 동구 밖으로 나가서 어부의 배를 끌고 들어왔사외다.

다행히 그곳 은자들이 그물을 쳐서 떠내려가는 복사꽃을 막아서 미연에
방지했기 때문에 다시 무사하게 되었거니와, 만일 그러하지 않았드면 그
곳 그들이 어찌 악정과 고역을 면했사오리까? '백구야 훤사[13]하랴마는 못
믿을손 도화로다'[14] 하는 시가 다 복사꽃의 신의 없음을 미워하고 원망하

---

12 도연명이 지은 〈도화원기桃花源記〉에 나오는 신선이 살았다는 전설적인 명승지.
13 원문에는 헌사라고 표기됐음.
14 이 시구는 이황이 지은 〈청량산가淸凉山歌〉에 "청량산 육육봉을 아는 이 나와 백구/ 백구야 훤사하랴
    못 믿을손 도화로다/ 도화야 물 따라 가지 말라 어자 알가 하노라"에서 따왔다. 육육봉六六峯은 열두
    봉우리, 백구白鷗는 흰 기러기, 훤사喧辭는 말을 함부로 해서 소문을 내다. 어자魚子는 어부라는 뜻이
    다. 그런데《서옥설》원문에는 "복숭아나무를 심어 종적을 드러나게 한 것이 후회스럽네"(悔種桃花露
    蹤迹)라고 서술되어 있는데, 이는 송나라 말 원나라 초기의 시인 유인劉因(1249~1293)의 〈도원행桃源
    行〉에 나오는 "却悔桃花露蹤迹"에서 따왔다. 아마도 최익한이 서문에서 이야기했듯이 사례가 흥미
    가 적어 유사한 고사로 바꿔 쓴 것이 아닌가 한다. 곧 〈청량산가〉는 이황이 청량산을 몹시 사랑해 지은
    시조로서 스스로 청량산인이라고 칭하기도 했다. 최익한은 무릉도원에 비길 수 있는 청량산에 관한
    시구로 대신한 셈이다. 청량산은 봉화에 있는데, 최익한은 봉화에 시는 이황의 후손에 장가를 갔기 때
    문에 매우 친근한 곳이다.

는 의미가 아니오니까?

버드나무는 아름다운 열매를 하나도 맺지 못하고 한갓 길다란 실만을 자랑하외다. 그 바탕이 시들기 쉬워 남 먼저 낙엽지고 그 성품이 연약해 큰 재목에 적당치 않사외다. 부질없이 장신궁인長信宮人[15]으로 하여금 가는 가지를 더우잡고 마음을 산란케 했으며, 규중소부閨中少婦로 하여금 봄빛을 보고 후회를 일으키게 하얐사외다.[16] 하물며 수제隨堤[17] 풍경은 경망한 수隋나라 황제로 하여금 망국의 풍류에 빠지게 했으며, 유경柳京[18] 전설은 질박한 고조선 인민에게 유약한 성질을 요구하얐사외다.

이와 같은 세상 사람의 평판을 보더라도 버드나무가 상서롭지 못하고 믿지 못할 물건이란 것은 더욱 명백하지 아니하오니까?

다시 계속해 여쭈외다. 큰문직신과 지게문직신은 모두 하늘의 명령을 받아 각기 그 직분을 지켜야 할 것이어늘, 그들은 어리석은 백성을 유혹해 옳지 못한 제사를 사사로 받아먹어 싸늘한 술잔과 지짐 조각으로 배를 채우는 반면에, 탐관오리가 장부를 농간해 국고의 양곡을 도적질하는 것은

---

15 장신궁인은 한나라 성제成帝의 궁인 반첩여班倢仔(이름은 반념班恬이며 첩여는 직책)를 의미한다. 반첩여는 시가에 능해 총애를 받다가 조비연趙飛燕의 참소를 받고는 물러나 장신궁에서 태후를 모시고 시부詩賦를 지으며 나날을 보냈다(《한서》권97, 〈열녀전〉).

16 왕창령王昌齡(698~757)의 〈규원閨怨〉에 나오는 시구. "규중의 어린 아내 시름을 몰라/ 봄단장 곱게 하고 다락 위에 올랐네/ 문득 길거리의 버들 빛을 바라보고/ 낭군을 벼슬 찾아 보낸 일을 후회하네"(閨中少婦不知愁 春日凝妝上翠樓 忽見陌頭楊柳色 悔敎夫婿覓封侯).

17 (원주) 수제: 옛날 중국 수양제隋煬帝 양광陽廣이 운하를 만들고 1300리 긴 둑을 쌓고 길가에 버드나무를 심고 그것을 수제 혹은 변제汴堤라고 이름지었으며 여기에서 뱃놀이를 했는데, 나중에 고구려를 계속 침략하다가 실패하여 망했다.

18 (원주) 유경: 전설에 옛날 기자箕子가 조선 땅에 망명해 평양에 와서 살 적에 평양 인민의 성질이 너무 강하고 억세다 하여 버드나무를 많이 심어서 그 풍기를 부드럽게 했으므로, 나중 평양을 유경이라고 명칭했다 한다. 그러나 이것은 중간에 난 전설이다.

(보완) 본래 《서옥설》 원문에는 당나라 시인 위장韋莊의 〈금릉도金陵圖〉에서 "가장 마음을 아프게 하는 것은 대성臺城의 버드나무로다"(無情最是臺城柳)라는 시구를 인용했다.

전연 보살피지 아니하외다. 이와 같이 큰 도적놈들에게는 눈을 감고 도리어 그 죄를 이 늙은 미물에게 지우려 하오니, 저의 원통한 사정은 그만두고라도 그들의 나라를 병들게 하고 직분을 지키지 않는 무책임한 버릇은 어찌 불문에 부치고 말겠사오리까?

고양이로 말쌈하오면[19] 주인의 대궁[20]에 배부르고도 오히려 주인의 숫음식[21]을 핥아먹으며, 거처 숙식을 사람과 같이 하오면서도 들보 위의 제비 새끼와 처마 밑의 새 새끼를 샅샅이 뒤져 먹어 배가 꺼질 때 없사외다. 그래도 그는 양이 안 차서 불쌍한 저희 무리에 침을 흘리며 씨를 남기지 않으려 하오니, 그놈의 탐욕이란 한량이 없다는 것을 가히 추측할 수 있사외다. 또 자식 사랑하는 마음은 사람이나 짐승이 매일반인데 고양이란 놈은 제 새끼를 잡아먹사오니 이는 하늘의 이치를 위반함이외다. 그 잔인한 성질이 어찌 이럴 수 있사오리까!

그리고 개로 말쌈하오면 그 추솔羞率하고[22] 무지한 성품이 만물 중에 가장 말째외다. 요임금은 천하 대성인이건만 도척盜跖을 위해서 짖으며,[23] 눈(雪) 빛은 무엇이 놀랍관대 괴물을 본 듯이 짖고[24] 있지 아니하오니까? 그 우둔하고 무지하기가 대개 이 따위외다.

---

19 말쌈하오면.
20 먹고 그릇에 남긴 밥.
21 만든 채 손대지 않고 고스란히 그대로 있는 음식.
22 추솔하다: 거칠고 차분하지 못하다.
23 (원주) 요임금: 《사기》에 "괴철蒯徹이란 변사가 말하기를 "도척(옛날 큰 도적놈)의 개가 요임금을 보고 짖는 것은 요임금이 어질지 아니한 것이 아니라 제 주인이 아닌 때문이다""고 했다.
24 (원주) 눈 빛은: 송宋나라 사람 양만리楊萬里는 시에서 "월(越)犬雪非差事"라고 했는데, 중국 남방인 월의 지방에는 눈이 드물게 오므로 그곳 개들은 눈을 보면 짖느냐(越犬吠雪). 이것은 서촉西蜀 지방에 산악이 많아서 해를 드물게 보므로 개들이 해를 보고 짖는다는 것과(蜀犬吠日) 유사한 의미이다.

하물며 '진秦나라 곳간'[25]에 기어 들어가서 호백구狐白裘를 훔쳐 내어 궁첩宮妾의 마음을 사서 맹상군孟嘗君을 위기에서 탈출케 하였사오니 수단의 교활한 자로는 세상에 그놈 같은 것이 없거늘, 이제 자기의 간사한 꾀는 살짝 감추고 도리어 이 늙고 어리석은 것을 기롱하오니 어째 그다지도 얼굴 가죽이 두텁사오니까? 포복절도抱腹絶倒[26]할 일이외다. '개처럼 구차하고 개처럼 훔친다'(狗苟, 狗偸)[27]는 옛말이 가위 개놈의 심장을 고대로 그려낸 것이외다.

다시 아뢰외다. 족제비로 말씀하오면 그 경솔하고 간사하기가 털 짐승 중 제일이외다. 그놈의 버릇을 낱낱이 들어 여쭐 수는 없사옵고 다만 그의 가정생활의 악행을 잠간 말씀하려 하외다.

가을에 서리가 내리어 모든 열매가 익으면 족제비는 많은 계집을 꾀어들여 한 방에 살면서 유난스레 정다워하여 백년해로百年偕老할 듯이 하면, 마음이 약한 뭇 계집은 속을 다 털어 바치고 온갖 시중을 들어 주외다. 그래서 놈팽이는 그들을 앞뒤에 딸리고 혹은 깊은 숲속에 들어가서 도토리를 주우며 혹은 남의 농장에 기어들어서 곡식을 따 놓고 그들을 독촉해 자기 굴방에 날라다 쌓아 둔 다음에 혼자 생각하기를, '아홉 안해의 하루 양

---

25 (원주) 진나라 곳간: 중국 전국시대에 제나라 왕자 맹상군이 진나라에 볼모로 가서 자기가 입었던 호백구(여우 겨드랑 털가죽으로 만든 갖옷)를 이미 진나라 왕에게 바쳐서 곳간에 넣어 두었다. 맹상군이 진나라를 탈출하려고 진나라 왕의 애첩에게 청을 드니 그 애첩은 맹상군의 호백구를 선물로 요구했다. 그래서 맹상군의 수종자 한 사람이 개처럼 그 곳간에 기어 들어가서 호백구를 훔쳐 내어 그 애첩에게 갖다 주고 놓여 왔다.

26 배를 부둥켜안고 넘어질 정도로 몹시 웃음.

27 狗苟는 '승영구구蠅營狗苟'에서 나온 말로 파리가 분주하게 날아다니며 구하고 개가 구차하게 구한다는 뜻인데, 작은 이익에 악착스럽게 덤빔을 비유한 것이다. 狗偸는 '서절구투鼠竊狗偸'에서 나온 말로 쥐가 물건을 훔치고 개가 남의 눈을 속인다는 뜻인데, 남 모르게 숨어서 부당한 물건을 취하는 좀도둑을 말한다. 개에 대한 표현만 취해 쥐가 훔친다는 내용은 일부러 감춘 듯하다.

식은 나의 아흐레 먹을 양식이니 내 일신을 봉양하는 데는 한 안해만도 만
족할 것이다' 하고 문득 그 여덟 안해는 쫓아 버리고 한 안해만 데리고 있
사외다. 이렇듯 박정한 놈이 무슨 짓을 못하오리까? 저에게 창고 곡식을
훔쳐 먹으라고 사촉한 것은 오히려 그놈의 사소한 일이외다.

두더지로 말쌈하오면 그놈의 성질은 본디 음침하고 마음새[28]는 정직하지
못하외다. 세상 만물이 모두 하늘과 땅의 정기로 생겼으며 해와 달의 빛을
기꺼이 받사오나, 두더지만은 하늘을 보면 숨고 햇빛을 만나면 피하와 몸
을 웅그리고 대가리를 쭈그리며 땅 밑으로 기어 다니오니 그 종자의 비천
한 것이 비할 데 없사외다. 그 언젠가 그놈이 저의 집에 혼인을 청하기에
저는 지체가 상적[29]하지 못한 것으로 단연히 거절하얏사외다.[30] 그놈이
이것을 협감挾憾[31]하와 이 늙은 것을 헐뜯은 지가 이미 오래되었사외다.
그놈의 행신行身[32]이 이러하니 기타는 보잘 것 없사외다.

여우로 말쌈하오면 본대 간사하고 더러운 종자로서 환형幻形 화신化身의
요술을 가졌사외다. 사람의 무덤을 파 뒤져 시체를 먹고 그 머릿박[33]을 훔
치며, 그 형체를 빌려서 남자를 만나면 여자로 나타나고 여자를 만나면 남
자로 나타나서 고운 얼굴로 유인하며 교묘한 말로 유혹하나이다. 그래서
혹은 그 사람의 넋을 빼앗아 등신을 만들며 혹은 그 사람의 목숨을 죽이고
육신을 밥으로 삼으오니, 그 놈의 장기長技는 사람을 상우고[34] 물건을 해

---

28 마음을 쓰는 성질.
29 相敵. 상적하다는 처지가 서로 걸맞거나 비슷하다는 뜻이다.
30 홍만종의 《순오지》에 들어 있는 우화 〈야서지혼野鼠之婚(두더지의 혼인)〉을 빗댄 듯하다.
31 원망하는 뜻을 품는 것.
32 세상을 살아가는 데 가져야 할 몸가짐이나 행동.
33 머리통. 두개골.
34 상하게 하다.

롭게 하는 것뿐이외다.

살가지로 말쌈하오면 모든 행동이 오직 여우를 본받고 못하는 것은 오직 요술뿐이외다. 그러나 밤을 타고 남의 눈을 기우면서[35] 인가에 들어가서 고기반찬을 훔쳐 먹고 홰에 닭과 우리에 오리를 죄다 물고 가나이다. 그놈의 소위를 볼작시면 백성의 피해가 적지 아니하외다.

고슴도치로 말쌈하오면 덩어리는 비록 굴러가는 밤송이같이 작으나 속은 매우 간교하고 세밀하외다. 혼자 있을 때면 목을 늘이고 산기슭에 누워 있다가 사람을 보면 곧 몸을 웅그리고 나뭇잎 사이에 숨어 버립니다. 밭이랑에 열린 참외를 제 손으로 집어 갈 수 없으므로 어린아이 업듯이 뒷등에 짊어지고 달아나며, 나뭇가지에 달린 과실을 제 재주로 따 내릴 수 없으므로 족제비나 두더지의 보금자리를 엿보아 도적질을 해 먹고 있사오니, 그 간사한 버릇은 여우나 살가지와 큰 차이가 없사외다.

수달은 그 씨가리가 몹시 번성해 물과 뭍에 퍼져 있사외다. 약바르고[36] 재치 있는 것을 스스로 자랑하며, 산림에 횡행해 약한 놈을 침해하고 마음대로 잡아먹사외다. 또 그의 긴 털가죽이 방한防寒에 필요하기 때문에 사람들은 모두 보기만 하면 욕심을 내어 잡으려 하외다. 그런데 그놈은 성질이 경망스럽고 진중치 못해 사생화복을 자연에 맡기지 않고 억지로 살려고 이리 뛰어가며 저리 도주하므로, 사냥꾼들은 그놈을 쫓아서 온 산판에 불을 지르니 그 피해가 여러 짐승에게 미치외다. 제 일신을 위해 남의 생명을 전연 돌보지 아니하므로 많은 무리가 모두 그놈의 이기심에 이를 갈고 있사외다.

---

35 남의 눈을 꿰매듯이 가린다는 뜻인 듯하다.
36 약바르다: 약빠르다.

노루로 말씀하오면 부드러운 풀잎으로 족히 배를 채울 수 있고 우거진 수풀에 좋이 몸을 깃드릴 수 있건마는, 밤이면 산길로 내려가서 밭에 뛰어들어가 고랑이란 고랑을 죄다 짓밟고 보리 싹을 뜯어 먹고 볏논을 삶아서 농부와 야인으로 하여금 양식을 잃고 기아에 헤매게 하니, 이 늙은 것이 창고 바닥에 흐르고 흩어진 낟[37]들을 주어[38] 먹는 데 비교하면 그 어느 것이 더 몹쓸 일이며 더 유해한 노릇이오니까?

토끼는 옛말에 입으로 새끼를 토해서 낳는다 하오니,[39] 그것이 해괴한 종류일 뿐 아니라 그 성질은 더욱 교활하외다. 범을 만나면 '아저씨' 하고 아첨하며 그물에 걸리면 파리를 불러 구더기를 슬게[40] 하며, 독수리 같은 놈을 속여서 화를 면하고 큰 자라(鱉)를 속여 강을 건너기도 하외다. 그 간사하기가 이럴진대 어찌 저의 범죄를 똑바로 자백하리까?

사슴으로 말씀하오면 본디 아무런 지혜와 꾀도 없는 놈으로서 공연히 잰 척하여 산인山人의 벗으로 자칭하고, 항상 사냥꾼의 식물을 훔쳐 먹으니 이는 도적의 행실 밖에는 아무것도 아니외다. 신선의 짝으로 자처하면서 자주 야인의 그물에 들어가니 그 행동이 비루 막심하외다. 그놈의 공술이 아주 허황하기 그지없사오니 이건 제 깜냥을 모르는 놈이외다.

멧돝으로 말씀하오면 그 완고하고 우둔한 꼬락서니란 참아[41] 바루 볼 수 없는 물건이외다. 그야말로 저돌猪突의 만용만을 믿고 고래 등 같은 기와

---

37 곡식의 알. 낟알로도 쓴다.
38 주워.
39 입으로 새끼를 토해서 토끼라고 한다는 구전이 있었다.
40 슬다: 벌레나 물고기 따위가 알을 깔기어 놓다.
41 차마.

집을 한목에 삼킬 듯한 욕심에 못 견디어서, 바위 뿌리와 나무 긁[42]을 잡아 빼고 대망大蟒(큰 뱀)과 독사를 잡아먹으며, 콩가리, 팥가리, 서숙 더미에 주둥이를 박고 마음껏 포식하오니 도적놈으로선 아주 큰 도적이외다.

양과 염소로 말쌈하오면 사가의 중요한 재산이며 국가의 귀중한 제물이옵기 때문에 창고 부근에 거주하는 사람들이 모두 힘써 기르고 있사외다. 창고에 곡물을 들이고 내고 하는 판에 저 먹을 양식은 저절로 떨어지므로 그놈의 한 점 살과 한 줌 털이 모두 창고의 혜택을 입고 자란 것이외다.

또 이 늙은 것이 오랫동안 창고 가운데서 살면서 항상 목도한 바이온데, 그 두 놈은 용하게도 구멍을 찾아 들어와서 꼬부랑 뿔로 곡식 섬을 쿡 찔러 놓고는 주르륵 쏟아지는 알곡들을 뾰죽한 주둥이로 나붓나붓 주어 먹는 것이 하루도 몇 번이외다. 창고 저축이 축난 것은 그 원인이 적지 않게 그 두 놈의 소위에 있사외다. 그러나 그놈들의 공술을 보면 창고 근처에 한 번도 발을 들여 놓지 아니한 것처럼 하오니 이런 간물이 또 어데 있사오리까? 창고신께서는 특별히 밝게 살피시압소서.

원숭이(별칭 잔나비)로 말쌈하오면 그놈의 천성이 입내[43]도 잘 내거니와 게검스럽기로도 유명한 짐승이외다. 식욕을 위해서는 제 목숨과 동류를 돌아보지 않고 덤비는 놈이외다.

이제 실례를 하나 들겠사외다. 잔나비 성질을 잘 아는 사람들이 잔나비가 모여 있는 곳에 가서 반찬과 술을 차려 놓고 유쾌한 기색으로 먹으면서 포승으로 동류를 결박했다가 다시 풀어줍니다. 이렇게 여러 번 해서 보인 다음 사람들은 전부 그 자리를 비우고 숨어서 엿보고 있으면, 잔나비들은 처

---

42 그루.
43 흉내.

음에는 사람의 꾀를 알고 모여들지 않으며 그 주위에서 돌아다니다가 나중에는 식욕을 참지 못해 자리에 들어와 앉아서 음식을 먹고 술을 마시며 동류들을 결박해 사람 하던 짓을 그대로 모방합니다. 이 기회에 사람들은 돌연히 출동해 그놈들을 고스란히[44] 생포하게 됩니다.

이 한 가지를 보더라도 그 놈의 탐욕이 심한 것을 알 수 있사외다. 창고의 곡식을 논아[45] 먹고자 이 늙은 것을 꾀이던 놈이 이제 와서는 사실을 전혀 기우니 참말 통분한 일이외다.

코끼리로 말쌈하오면 몸집은 비록 덜석[46] 장대하나 그 속인즉 몹시도 비겁하외다. 또 그놈과 저는 본디 조상 때부터 원쑤[47] 간이외다. 이 늙은 것이 가끔 몰래 가서 그놈의 콧구멍에 돌입해 그놈의 뇌수를 갈가먹구[48] 원쑤를 갚사외다. 코끼리가 저의 족속을 옹치[49]처럼 미워하는 것은 대개 이 때문이외다. 이번 그놈이 이 늙은 것을 헐뜯는 것도 족히 괴이할 것 없사외다.

이리로 말쌈하오면 남을 살해하는 마음이 극심하지마는 사람에게 접어들 힘은 좀 부족하외다. 만일 그놈이 맹호 같은 힘을 가졌더라면 살육의 화변이 어찌 호환虎患에 비할 바이오리까?

곰으로 말쌈하오면 힘은 범과 같고 용맹은 이리의 류가 아니외다. 만일 나

---

44 고스란히.
45 나누어.
46 덜썩을 가리키는 듯. 덜썩은 북한어로서 보통보다는 크거나 우람한 모양을 뜻한다.
47 원수의 북한어.
48 갉아먹고.
49 옹치雍齒(?~기원전 192)는 중국 진나라 말기 전한 초기의 사람. 한고조와 사이가 좋지 않았는데 한고조는 그를 제후에 봉했다. 곧 가장 미워하는 사람을 요직에 앉힘으로써 여러 장수의 불만을 무마함을 말한다.

으리께서 그놈의 가죽을 칼로 베지 않고 그놈의 뼈를 불로 태우지 않으시면 좀처럼 자복하지 아니하리다.

나귀와 노새로 말쌈하오면 그놈들은 힘만을 자랑하고 소리만을 요란스레 지를 뿐이오니 나으리께서 엄형준벌로써 임하시면 범죄의 사실을 반드시 자백할 것이외다.

그리고 마소(牛馬)로 말쌈하오면 그들은 사람의 채찍에 잘 견디고 사람의 구사驅使에 잘 복종하는 듯하오나, 조금만 굴레를 늦추면 바루 밭고랑으로 달아가며[50] 마구에서 벗어나기만 하면 먼저 부엌으로 들어가오니, 먹을 것만 찾고 배부르기만 원하는 비루한 놈들이 아니오니까? 하물며 제 주인을 발로 차서 죽이며 제 집 사람을 뿔로 받아 해치는 놈들도 있사오니, 나으리께서는 어찌 그놈들을 길들일 수 있고 믿을 수 있는 짐승으로 생각하시오리까?

기린으로 말쌈하오면 옛날부터 성인군자가 모두 그를 어진 짐승으로 칭찬하고 상서로운 물건으로 규정하얐으므로, 현명하신 나으리께서도 그를 특별히 대우하시며 이 늙은 것도 감히 헐어서 말하려 하지는 않사외다. 그러나 저의 마음속으로는 그윽히 의심을 품고 있사외다.

첫째 기린은 외뿔(一角)로 그 끝에 살점이 달려서[51] 상인해물傷人害物의 마음이 없다 하오나, 이는 한개 병신이며 불구자로 생긴 짐승이외다. 말로는 기린이 360모충毛虫[52]의 어른이라고 떠들지만 그 위엄은 능히 호랑이와 승냥이를 제어하지 못하고, 다만 세상을 떠나며 무리를 피해 멀고 궁

---

50 달아가다: 달려가다의 방언.
51 전설에서의 기린의 모습을 말한다.
52 몸에 털이 난 짐승. 360종이 있다고 보았다.

벽한 곳에서 홀로 살고 있사오니, 이건 사람으로 말하면 아무 학식과 행실과 포부가 없는 무능한 선비가 산림 속에 깊이 들어앉아서 빈 이름만 팔고 세상을 기만하는 자와 다름이 없사외다.

둘째로 요순堯舜의 성덕은 공자에 못하지 않았건만 요순의 시대에 기린이 그들의 동산에 와서 깃들었다는 말을 듣지 못했사오니, 그러면 성인聖人의 시대에 반드시 기린이 나온다는 옛말은 전연 근거 없는 낭설에 불과하외다. 노애공魯哀公 14년에 노나라 사냥꾼이 기린 한 마리를 잡았는데 다른 사람들은 그것이 무슨 짐승인가를 모두 몰랐고 오직 공자가 기린이라고 하셨다 하오니, 지금 공자가 다시 살아오시기 전에는 아무도 모를 짐승을 기린이라고 하여 귀중히 대우하는 것은 사슴을 가리켜 말이라고 하는 것과 동일한 잘못이 아닐까 하외다. 이 세상에는 유명무실有名無實한 자, 거짓 착한 자(僞善者)가 많은 것을 현명하신 나으리께서 특별히 살펴 주시기를 바라외다.

셋째로 공자가 《춘추》를 편찬하시다가 기린을 붙들었다(獲麟)는 문구에 이르러 붓을 놓아 버리시고 눈물이 옷깃을 적시도록 울으셨다 하니[53] 이 말도 더욱 의심나외다. 춘추시대에 자식이 아비를 죽이고 신하가 임금을 죽이고, 강한 나라 군사가 약한 나라 백성을 피바다로 만들고 오랑캐의 발굽이 중국의 의관 문물을 짓밟은 사실이 비일비재 하얐사외다. 참으로 땅을 두드려 가며 통곡하고 기가 막힐 괴변이 아니오니까? 이런 괴변들에 대해서는 공자께서 말똥말똥한 눈으로 꼬박꼬박 쓰시다가 기린이란 미물의 짐승이 사냥꾼에게 붙들렸다는 기사에 이르러서 갑자기 슬퍼하사 붓

---

53 (원주)《좌전左傳》과《가어家語》에 적혀 있다.

대를 잡으실 경황이 없어졌다 하오니, 세상을 걱정하시는 성인으로서 사람보다 짐승을 더 소중히 여기실 리가 만무하외다. 어짐(仁)과 지혜(智)가 구비돼야만 진실한 인자仁者로 평가하는 것은 공자가 특별히 주장하는 논법이외다. 그런데 지극히 어질다는 이름이 높은 짐승으로서 그처럼 지혜롭지 못하야 함정과 그물에 걸렸다는 것을 보아서는, 그가 필시 탐욕에 눈이 어두워 갈 데 못갈 데를 분변하지 못하얐던 때문일 것이외다.

이 늙은 것이 저의 죄를 변명하려는 그런 간사한 생각이 아니옵고 오직 속에 있는 마음을 하나도 숨김없이 현명하신 나으리 앞에 고백하는 것이 저의 옳은 도리로 생각하와 이처럼 장황히 사뢰나이다. 황송 천만이외다.

사자獅子로 말쌈하오면 그것이 서역西域에서 생장했다는 이유로써 신이한 짐승이라고 일컬으나, 천축에서 나온 불법佛法은 인간의 정도正道가 아니고 허황 요망한 말로써 백성을 미혹해서 우상과 잡귀를 숭배케 하므로, 그곳에 태어난 사자도 불교의 감화를 받아 천상천하에 제 혼자 높은 체하며 허탕한 큰소리만 치고 있사외다.

광명이 십방十方세계[54]를 비추고 인간의 모든 악마를 물리친다는 절간의 부처는 사람이 흙과 나무로 조작한 것이오며, 밑구멍을 뚫고 보면 쓰지 못할 삼검불[55] 뿐이외다. 부처도 이러하거든 그가 타고 다니던 사자는 더욱 무령한 물건에 불과한 것이외다.

저희가 밤을 타서 불탁佛桌에 벌여 놓은 공양供養을 마음대로 먹어도 부

---

54 '시방세계'의 비표준어. 시방세계는 불교의 《능엄경》 등에 근거해 동서남북의 사방과 동남·서남·동북·서북의 간방, 그리고 상하를 합친 전체 세계를 가리킨다.
55 삼거웃의 북한어. 삼거웃은 삼의 껍질 끝을 다듬을 때에 긁혀 떨어진 검불을 말한다. 속담에 '부처 밑을 기울이면 삼거웃이 드러난다'는 말이 있다. 아무리 점잖은 사람이라도 속을 들여다보면, 더러운 일이 없지 않다는 뜻으로 썼다.

처와 금사자는 아무 소리 없이 우두커니 앉아 있는 등신들이외다. 그리고 소위 사자후獅子吼[56]를 한다는 도승道僧들도 목탁을 두드리고 염불을 하면서 속으로는 어여쁜 계집과 맛 좋은 생선 고기를 노래하고 있사외다. 사자는 이처럼 추악한 무리를 좋아하는 짐승이오니 조금도 존대할 필요가 없사외다.

끝으로 용龍과 범(虎)은 그들이 신령하고 웅장하지 아니한 바 아니외다마는, 이는 소위 '포진천물暴殄天物'[57]함으로써 사람과 짐승을 분간하지 않고 핏기 있는 생물은 모조리 닥치는 대로 제 놈의 차반을 만드는 자가 범이 아니오니까? '강철이 지나간 곳'[58]이라는 속담과 같이 풍운조화를 부리는 하늘의 권리를 남용하야 사람의 가옥과 농작물을 회오리바람과 개력[59] 비로써 순식간에 망쳐 버리는 자가 용이 아니오이까? 범의 포악한 성질과 용의 괴덕스러운 심지는 옛날부터 유명한 것이오니 제가 새삼스레 말쌈하지 않으려 하외다.

현명하신 나으리께서는 어째서 그들을 존경하시고 믿으시난지! 만일 이 늙은 것이 범같이 건장하고 용같이 장대하게 생겼더라면 현명하신 나으리께서는 응당 그 외모만을 보시고 좀도적의 누명을 저에게 씌우지 아니하셨을 것이외다. 그러나 이 늙은 것은 조그마한 체신으로 남의 꽁무니 밑

---

56 (원주)《전등록傳燈錄》에 석가모니가 나던 결로 한 손은 하늘을 가리키고 한 손으로 땅을 가리키면서 사자의 큰소리로 "천상천하에 오직 내가 홀로 높다"(天上天下 唯我獨尊)고 했다.

57 하늘이 낸 만물을 함부로 다 써 버린다는 고사성어. 상商나라 주왕紂王이 주지육림에 빠져 학정虐政을 일삼아 백성들의 원성이 극에 달하자, 주무왕이 군사를 일으키는 명분으로 삼았다(《서경書經》,〈무성편武成篇〉).

58 '강철이 간 데는 가을도 봄'이라는 속담이 있다. 이때 강철은 '지나가기만 하면 초목이나 곡식이 다 말라 죽는다'고 하는 전설에서의 악독한 용을 가리킨다. 강철이 지나가면 아무것도 자라지 않는 초봄처럼 된다는 뜻으로 이덕무가 지은《앙엽기盎葉記》라는 책에 소개되어 있다.

59 산천이 무너지고 변하여 옛 모습이 없어짐. 여기서는 산천이 무너질 정도로 거센 비를 가리키는 듯하다.

에서 온갖 고생스러운 생활을 하면서 산전수전을 다 겪어 보고 쓴맛 단맛을 다 맛보아 온 나머지에, 무정하다는 복사꽃, 버드나무부터 가장 신령하다는 범과 용에 이르기까지 모두 겉 다르고 속 다른 진상을 발견하얐사외다. 천지조화가 본디 이러한가 하외다. 저와 같은 미물도 이 조화 중의 한 물건으로서 자연히 그들의 영향과 사촉을 받지 아니할 수 없었사외다. 조금도 속임 없는 저의 심장에서 우러나오는 고백을 현명하신 나으리께서는 특별히 살펴주옵소서.

사족자들

:

달팽이에서

고래까지

이때 어른 쥐의 길다란 변론에 창고신은 아무런 반문도 없이 잠잠히 듣고만 있다가 반쯤 감고 있던 두 눈을 번쩍 부릅뜨면서 호통을 친다.

이놈! 너는 극히 간사한 놈이라 그야말로 '언족이식비言足以飾非'(언변이 족히 그른 것을 옳게 꾸민다)'로구나.

창고신은 이렇게 말하고 형리더러 늙은 쥐를 형틀에 올려 앉히라고 엄명했다. 쥐는 고개를 숙이고 다시 땅에 엎드리며 목멘 소리로 늘어놓는다.

여쭈옵기 지극히 황송하오나 이 늙은 것이 소년 시절에 가난한 선비의 서당 마루 밑으로 돌아다니면서 글 읽는 소리를 익히 들사와 겨우 면무식免

I　은나라 폭군 주왕이 "지혜는 간언이 필요하지 않았고 언변은 족히 그른 것을 옳게 꾸민다"(智足以拒諫, 言足以飾非)라고 한 말에서 나왔다(《사기》, 〈은본기〉).

無識은 했사외다. 제비가 《논어論語》를 읽고[2] 개고리가 《맹자孟子》를 읽고[3] 개가 풍월風月을 읊거늘,[4] 저라고 구멍 글이야 못 배울 리가 있사오리까? '새가 죽을 적에 그 울음이 슬프고 사람이 죽을 적에 그 말이 착하다'[5]고 옛날 성현도 말씀하셨거니와, 사람과 짐승이 지위는 비록 다를지라도 본성은 다 같이 착하외다. 이 천한 것이 죽음을 앞에 두고 후회에 넘치는 마음속에서 솟아 나오는 말씀이니만치 악하다고는 할 수 없사외다.

노회한 쥐는 이렇게 구변을 부리어서 창고신의 마음을 조금 돌려놓은 다음 다시 말을 계속한다.

사실 저의 범죄를 누구보다도 살뜰히 도와준 자는 달팽이(蝸)와 개미(蟻)외다. 이 늙은 것이 몇 개 남지 않은 이빨로 그 몹시도 딴딴한 고방 벽 밑을 파느라고 천신만고하던 즈음에, 의외로 달팽이들이 기어 와서 늙은 것

---

2 (원주) 제비가 《논어》를 읽는다는 것은 《논어》에 "知之爲知之, 不之爲不知, 是知也"라는 구절을 읽는 소리가 제비 우는 소리와 비슷하다는 데서 나온 말이다.
    (보완 1) 공자가 자로에게 한 말로서 "아는 것을 안다고 하고, 모르는 것을 모른다고 하는 것이, 이것이 아는 것이다"라는 뜻이다.
    (보완 2) 《서옥설》 원문에는, 여기서는 이 내용이 거론되지 않고 뒷부분에서 제비를 사촉자라고 하면서 실려 있다. 같은 내용을 여기서 또 사용한 것은 최익한이 실수했거나 아니면 이 일화를 강조한 것으로 보인다.

3 (원주) 개고리가 《맹자》를 읽는다는 것은 《맹자》에 "獨樂樂, 與衆樂樂, 孰樂"이란 구절을 읽는 소리가 개고리 우는 소리에 근사하다는 데서 나온 말이다.
    (보완 1) 맹자가 제선왕에게 "홀로 음악을 즐기는 것과 사람들과 더불어 음악을 즐기는 것 가운데 어느 쪽이 더 즐겁습니까?"라고 묻는 내용이다.
    (보완 2) 이 내용도 《서옥설》 원문에는 없고 뒤에 개고리를 사촉자라고 하면서 실었다.

4 (원주) 개가 풍월을 읊는다는 것은 속담에 '서당 개 3년에 풍월한다'(堂狗三年吠風月)는 데서 나온 말이다.

5 (원주) "새가 죽을 적에 …"(鳥之將死, 其鳴也哀, 人之將死 其言也善)는 《논어》에 쓰여 있는 증자曾子의 말이다.

의 고역을 크게 민망히 여기고 깨어진 병에 흐르는 참기름 같은 침으로 벽토를 흠벅 적시어 주기에 저는 그 극난한 공사를 훨씬 쉽사리 진행했사외다. 그러니까 저의 범죄를 살뜰히 조력해 준 자가 달팽이 아니오니까?

그리고 이 늙은 것이 고방 밑을 깊이 뚫는데 파 뒤져 놓은 흙을 감당 못해서 눈코를 뜰 수 없사옵더니, 다행히 개미의 여왕이 그 졸개를 소집하야 명령일하命令一下[6]에 두덕[7]처럼 쌓여 있던 흙을 순식간에 구멍 밖으로 날라다 버렸으므로 저는 비로소 가벼운 숨을 쉬고 사지를 활발히 놀리며 역사를 무난히 완성했사외다. 개미 군대의 힘이 아니었드면 저의 목적은 중도반단中途半斷[8]되고 말았을 것이외다.

이 말을 들은 창고신은 좌우 나졸에게 명령해, 달팽이는 밧줄로 그놈의 허리를 매어 끌고 오게 하며 개미 떼는 큰 가죽 푸대에다 쓸어 넣어서 오게 했다. 그래서 창고신은 그들을 엄중히 취조했다. 달팽이는 대단 원통한 모양으로 눈물과 콧물을 섞어 흘리면서 공술한다.

저는 항상 음습한 곳을 좋아하고 몸은 마를 시절이 없사외다. 묵은 주초柱礎돌[9]과 거친 섬돌에서 푸른 이끼와 함께 배를 붙이옵고, 무너진 담과 깨어진 벽에서 침을 흘려 자욱을 이루외다. 혹은 '좌우의 두 뿔'[10]로써 편협

---

6 명령을 한 번 내리다.
7 언덕.
8 시작한 일을 깨끗이 끝내지 않고 중간에 흐지부지함.
9 주춧돌.
10 (원주) 좌우의 두 뿔:《장자莊子》에 "옛날 만 씨蠻氏는 달팽이의 왼편 뿔에 나라를 세우며 촉 씨觸氏는 달팽이 오른편 뿔에 나라를 세워서, 땅을 빼앗으려고 전쟁을 하여 죽은 시체가 백만에 달했다"고 했다. 이는 사람이 경쟁하는 바가 좁고 작다는 것을 풍자한 우화다.

한 분쟁을 풍자하오며 혹은 '조그마한 둥근 몸집'[11]으로써 야인野人의 가옥을 비유하외다. 재물을 위해 침을 흘리지 않사오니 어찌 도적의 범죄를 도와주오리까?

갑자기 체포되어 법정에 나타난 개미 떼는 늙은 쥐의 무고를 듣고 모두 의분에 넘치는 기색으로 열을 지어서 일제히 호소한다.

저희가 본디 무가武家의 후예로서 군대의 훈련을 받아서 항상 견고한 진리를 보전하고 옳지 않은 무리를 배척하외다. '송 씨宋氏의 마루 아래'[12]에서는 대다리(竹橋)의 은혜를 갚았으며, '순우淳于의 꿈속에'[13]서는 괴

---

11 (원주) 조그마한 둥근 몸집: 《고금주古今注》에 "야인이 지은 둥근 집이 달팽이(蝸牛) 껍질 같으므로 와사蝸舍라고 부른다" 했으며, 당나라 이상은李商隱은 시에서 "자회와우사自喜蝸牛舍"라고 했다. (보완) 〈자희自喜〉라는 시이며, 첫 구절이 "스스로 달팽이 집을 즐거워한다"는 뜻을 담고 있다.

12 (원주) 송 씨의 마루 아래: 《신당서新唐書》 저자의 한 사람인 송나라 송기宋祺는 자기 형 송상宋祥과 함께 유명했으므로, 세상 사람은 형을 대송, 아우를 소송이라고 불렀다. 그들의 소시에 어떤 중이 관상을 보고 말하기를 "소송은 나중에 장원급제할 것이오. 대송도 또한 갑과甲科에 참가할 것이다" 했더니, 10년 뒤에 그 중이 대송을 보고 놀라면서 묻기를 "당신의 풍신이 아주 전과 달라져서 수천만 인의 생명을 건져 준 자와 같으니 웬일인지 생각해 보라"고 했다. 대송은 대답하기를 "특별한 일은 없고 근일 우리 집 마루 아래에 개미구멍이 급히 오는 비의 침해를 입어 개미 떼가 구멍 곁에 돌아다니고 있기에 나는 희롱 삼아 대를 엮어 다리를 만들어서 건네 준 일이 있었을 뿐"이라고 하니, 그 중은 기뻐하며 "그것이 곧 적선한 것이다. 금년 소송이 장원급제할 것이며 당신도 그 아래에 떨어지지 아니할 것이다"고 했더니, 과거 명단이 발표되매 소송이 과연 최고로 일선했다. 그러나 송나라 황제는 형제 동방同榜 급제에 아우가 형의 위에 먼저 있을 수 없다 하고 대송을 제일로 올렸다(《사문류취외집事文類聚外集》27권, 〈의조의조蟻條〉).

13 (원주) 순우의 꿈속에: 옛날 중국 순우분淳于棼이란 사람이 술을 먹고 늙은 괴화나무 밑에 누웠더니 꿈에 어느 한 구멍에 들어간즉 '대괴안국大槐安國'이란 큰 성이 있었다. 넓은 궁전에 오르니 호위가 엄숙해 마치 임금이 있는 곳과 같은데, 장대하고 단정한 한 사람이 높은 자리에 앉아 있었다. 좌우 시종이 순우분으로 하여금 절을 하게 하고 왕은 자기 다음 딸 요방瑤芳을 그의 안해로 주었다. 그래서 그는 부마로 남가군南家君의 태수가 되어 20년 동안 극히 영화로운 생활을 했다. 그는 잠을 깨어서 괴화나무 밑을 살펴보니 그곳에 텅 비고 명랑한 한 구멍이 있는데, 긴 상 하나를 용납할 만한 그 위에 흙을 쌓아서 성곽과 누각의 모양을 이루고 있었고 그 가운데에 두어 섬이나 되는 개미 떼가 모여 있으며, 그 가운데 또 두 개의 작은 누대가 있고 거기에 큰 개미가 있으니 이것이 왕이었다(《이문록異聞錄》).

안국槐安國의 영화를 보였사외다. 옛말에 천 길 방축도 개미구멍으로 해서 무너진다 했으나 저희는 만석 창고를 나라의 성새와 같이 항상 굳게 봉쇄했사외다. 다만 직업을 폐할 수 없사와 진법陣法을 연습했을 뿐이어늘, 저 교활한 짐승이 우리 의충義虫(蟻字 풀이)을 무고했사오니 이런 분한 일이 어데 다시 있사오리까?

창고신은 달팽이와 개미의 공술을 듣고 나서 달팽이와 개미를 가두어 두고 쥐더러 진정한 사촉자들을 고백하라고 위협 공갈했다.
꾀주머니로 생긴 늙은 쥐는 속으로 다시 생각한다.

땅에 기어 다니는 짐승들은 대개 무섭고 탁한 토목土木의 정기를 타고 나서 미련스럽고 버티는 성질이 많아서 용이히 굴복하지 아니한다. 그러나 날개를 가지고 공중에 날아다니는 무리는 가볍고 맑은 기운을 타고 났으므로 성질은 약하고 지혜는 얕으니, 만일 나의 언변으로 얽어 대고 법관의 위엄으로 내려 누르면 저 바람에 날고 구름에 춤추며 아침에 조잘거리고 저녁에 깩깩거리는 자들이 어찌 감히 주둥이를 들고 끝내 항변할 것이랴? 나의 무거운 죄를 이들의 등에다가 짊어지우는 것이 득책일 것이다.

하고 쥐는 곧 솔직한 태도를 꾸미어 하늘을 가리키며 말한다.

이 늙은 것이 처음 고방 벽을 뚫으려고 하니 밤이 먹같이 검어서 지척을 분별할 수 없었사외다. 머리는 돌에 부딪히고 발은 검불에 걸려서 촌보를 옮기지 못하고 마치 소경이 길을 더듬는 것처럼 어찌할 줄을 몰랐사외다.

그뿐만 아니라 혹시 덫에나 치어 죽을 염려도 있어서 고방 뚫기를 단념하고 막 돌아설 무렵에 홀연히 반딧불(螢) 하나가 건너편 숲속에서 날아 나와서 새파란 불 한 점으로 친절히 앞을 인도하기에, 저는 그것을 촛불로 삼아 아무런 장애도 없이 고방을 뚫기에 성공했사외다. 그러니 저를 사촉한 자는 이 반딧불이 아니고 누구겠사오니까?

저는 이 반딧불의 인도를 받아 고방을 열심히 뚫고 있었으나 벽은 워낙 두껍고 단단한데 저의 주둥이는 짧아서 쉽사리 뚫려지지 아니했사외다. 기를 쓰고 뚫느라고 밤이 새는 줄도 몰랐사외다. 그러는 판에 촌가의 닭(鷄)들은 일시에 홰를 치고 '고게교' 하며 울었사외다. 저는 깜짝 놀라서 고개를 돌려 보니 동천에 벌써 샛별이 높이 올라오고 사람 발자국 소리가 가까워 오기에,'그만 뚫던 공사를 중지하고 뺄 빠진 걸음으로 달아나서 옛 구멍에 은신하와 겨우 목숨을 보전하게 되었사외다. 이때 만일 닭들이 귀띔을 해주지 아니했더면 이 늙은 것이 고방도 못 뚫은 채 그 자리에서 순라巡邏의 포로가 되고 말았을 것이외다. 저의 범죄를 살뜰히 보장해 준 자가 닭이 아니고 누구였사오리까?

창고신은 늙은 쥐가 간사한 줄을 알면서도 그럴듯이 꾸며 대는 언변에 또 미혹해 반딧불과 닭을 잡아 왔다. 창고신은 몹시 노여워하는 어조로써 반딧불에 대해

너는 그 귀중한 일 점의 광명을 가지고 남을 바른 길로 인도할 것인데 어째서 도적놈의 앞잡이가 되었나뇨?

했으며, 닭에 대해

너는 어째서 도적놈의 죄행을 도와주었나뇨?

했다. 반딧불은 공포에 싸여 우들우들[14] 떨고 깜박거리면서 공술한다.

저는 본대 썩은 풀에서 생장하고 거친 숲에 몸을 붙이와, 서늘한 가을바람
이 불어오면 두 나래를 펴고 날며 서산에 해가 떨어지면 한 점 불을 켜고
돌아다니외다. 혹은 '서생書生의 책상'[15]에 모여서 촛불을 대신하고 혹은
'시인의 옷'[16]에 앉아서 백발을 비춰 주외다. 감히 태양의 광명에는 비기
지 못하오나 항상 암실에서도 마음을 속이지 않사외다.

닭은 갑자기 달려드는 나졸에게 붙들려서 평생 초면인 법정에 나
타나게 되었다. 이거야 참으로 '촌계관청村鷄官廳'[17]이다. 그는 놀라서
목을 들고 한참 요란스레 울다가 겨우 마음을 진정해 붉은 꽃 갓을 바
로잡고 뾰쪽한 입으로 공술한다.

---

14 춥거나 무서워서 몸을 잇따라 크고 심하게 떠는 모양.
15 (원주) 서생의 책상: 옛날 중국의 차윤車胤은 집이 가난해서 등잔불을 켤 수 없었으므로 얇은 비단 주
    머니에 반딧불을 많이 주어 넣어서 책을 비추어 글을 읽었다.
16 (원주) 시인의 옷: 두보 시에 "巫山秋夜螢火飛, 兼疎巧入坐人依 … 滄江白髮愁看汝, 來歲如今歸
    未歸"라고 나온다.
    (보완) 제목은 〈반딧불을 보고(見螢火)〉이며 번역은 다음과 같다. "무산의 가을밤에 반딧불이 날고 성
    긴 발 틈으로 들어와 내 옷에 앉네. … 이 푸른 강에서 백발이 되어 너를 보면서 내년 이맘때는 고향에
    갈 수 있을지."
17 '촌닭을 관청에 잡아온 셈이다'라는 뜻. 본디 번화한 곳에 가거나 경험이 없는 일을 당해 당황하고 어
    리둥절하여 어찌할 바를 모르는 상태를 비유한 것이다. 실제 닭이 법정에 끌려갔으니 말 그대로인 셈
    이다.

저의 직분은 때를 알리는 데 있고 소리는 능히 해를 불러 올리외다. 함곡
관函谷關[18] 중에 전문田文의 바쁜 걸음을 울어 보냈으며, '사주司州 밤중
에'[19] 조적組逖의 기쁜 춤을 불러일으켰사외다. 저의 소리를 들으면 '군자
는 난세'에[20] 그 절개를 그치지 않으며, '정녀貞女는 남편의 태만'[21]을 경
계하얐사외다. 때를 알리는 소리가 도적의 범죄에 무슨 상관이 있사오리
까?

창고신은 문초를 마친 다음 반딧불과 닭을 옥에 가두고 다시 쥐더러

---

18 (원주) 함곡관: 중국 전국시대 제齊나라 왕자 전문(=맹상군)이 진秦나라에 갔다가 도망해 오는 길에
함곡관에 이르렀는데, 관문지기의 규칙이 닭이 울기 전에는 관문을 열지 않았다. 그래서 전문의 수
종자 중 한 사람이 닭 우는 소리를 한즉 뭇 닭이 따라 울고 관문이 열리므로 그들은 무사히 탈출했다
한다.

19 (원주) 사주 밤중에: 진晉나라 조적組逖이 유곤劉琨과 함께 사주 주부注簿로 친밀히 지냈는데, 어느
날 밤중에 거친 닭(荒鷄: 시간을 맞추지 않고 우는 닭)의 울음소리를 듣고 유곤을 깨워 일으키며 이것이
악한 소리가 아니라 하고 기뻐 춤을 추고 난세에 대처할 계책을 말했다.
(보완) 조적(266~321)은 중국 남북조시대 동진東晉 원제元帝 때의 명장. 예주豫州 자사刺史로서 북
벌해 후조後趙의 고조高祖 석륵石勒을 격파하고 황하 이남의 땅을 회복함.

20 (원주) 군자는 난세에:《시경》, '풍우장風雨章'에 나오는 "風雨凄凄, 鷄鳴喈喈, 旣見君子, 云胡不夷.
…"는 "난세에 군자를 생각하고 절개를 변하게 하지 아니하는 것이, 바람비가 오는 밤에도 닭이 제 울
음을 그치지 아니하는 것과 같다"는 의미이다.
(보완) 인용한 시는《시경》,〈국풍 정풍鄭風〉, '풍우장'의 한 수이다. "비바람 쓸쓸히 불고 닭 우는 소리
들려오네. 이제 임을 만났으니 어찌 마음이 좋지 않으리." 이는 여자가 바람 불고 비가 와서 어둡고 닭
울 때에 이르러 기약했던 남자를 만나 마음이 즐거워진다는 내용이다.

21 (원주) 정녀는 남편의 태만을: 춘추시대 제나라 애공哀公이 황음 태만하므로 시인은 정숙한 후비后妃
가 왕을 경계 권면하는 도를 시로 진수한바,〈계명장鷄鳴章〉에 "鷄旣鳴矣, 朝旣盈矣, 匪鷄則鳴 蒼
蠅之聲"이 즉 그것이다.
(보완) 인용한 시는《시경》〈국풍 제풍 齊風〉'계명장'의 한 수이다. "닭이 이미 울었기에 조회하는 이
가 이미 가득한가 보다 하니, 닭이 운 것이 아니라 파리의 소리구나." 옛날의 어진 왕비가 임금의 거처
에서 임금을 모시면서 장차 아침이 되려 할 때면 반드시 임금에게 고하기를 "닭이 이미 울었으므로 조
회에 모인 신하가 이미 가득하다"라 했으니, 임금이 일찍 일어나서 조회를 보게 하고자 함이다. 그러
나 실제는 닭의 울음이 아니요, 바로 파리의 소리였다. 어진 왕비가 마음에 임금이 항상 조회에 늦을
것을 두려워해 파리 소리를 듣고서 닭의 울음으로 여겼다.

이제 들어 본즉 반딧불이 빛을 내는 것은 그의 천성이며 닭이 소리를 지르는 것은 그의 직분이니, 어떠한 곳 어떠한 때에서도 너의 범죄를 도와주었을 리가 없다. 그들의 억울함은 명백하다. 너를 사촉한 놈은 과연 누구였더뇨? 어서 사뢰하여라.

했다. 쥐는 다시 두견杜鵑과 앵무鸚鵡를 끌어대었다.

이 늙은 것이 고방의 벽 밑을 파들어 갈 때에 쌓인 흙이 앞을 가로막았으므로 단신으로 헐떡거리며 파서 나르기에 몰두하고 고양이 한 마리가 부근에서 은신하야 눈독을 들이고 있는 것을 전연 알지 못했더니, 홀연히 두견이 나뭇가지에 날아 앉으며 '불여귀不如歸'(그만 돌아감만 같지 못하다) '불여귀' 하기에 늙은 것이 문득 깨닫고 빨리 달아나 예전 구멍으로 돌아와 버렸사외다. 고양이는 아금이[22]를 갈고 발톱을 곧추세워서 팔짝 뛰어왔으나 저는 벌써 피했사외다. 그래서 오원烏員(고양이 별명)[23]의 화를 면했사오니 저를 사촉한 자가 두견이 아니오니까?
어찌 이뿐이겠습니까? 그다음 날의 일이외다. 큰 돌멩이들이 무더기로 쌓여 있어서 도무지 뚫려지지 않기에 힘은 빠지고 몸은 피로해 공사를 그만 파의할 작정이옵더니, 앵무가 홀연히 날아와서 나뭇가지에 앉으면서 '쥐야 구멍을 뚫어라' '쥐야 구멍을 뚫어라' 하기에 늙은 것은 그의 권면하는 의사를 좇아서 수고를 잊고 용기를 바짝 내어 뚫고 또 뚫으니 구멍은 통해지고야 말았사외다. 그러면 저를 사촉한 자가 앵무라고 할 수밖에

---

22 어금이와 비교한다면 아금이는 송곳니가 아닐까 한다.
23 《유양잡조酉陽雜組》 속집 권8, 〈지동支動〉에서 고양이의 별명을 '오원'이라고 했다.

없사외다.

이 말을 들은 창고신은 나졸을 보내어 두견과 앵무를 잡아 왔다.
두견은 구슬피 울면서 하소한다.

저는 본디 '촉제蜀帝의 끼친 넋'[24]이며 파산巴山[25]의 오랜 겨레외다. 구름
은 고국에 아득했으니 어찌 원한을 품은 마음이 없사오리까? 달이 공산에
서 시름할 때 매양 '불여귀'의 소리를 울어 보내외다. 시인은 듣고 눈물을
흘리며 나그네는 느끼어 심신을 상하외다. 우는 곳이 정해 있지 아니하거
니 어찌 저 요물의 탓이오리까?

그리고 앵무는 유창하게 공술한다.

저는 농산隴山[26] 출신이며 인간 귀객貴客이외다. 총명은 족히 세상을 분
변하며 언어는 능히 사람을 사귀외다. '명황明皇 궁중'[27]에 시편을 낭송해

---

24 (원주) 촉제의 끼친 넋: 촉나라(지금 사천四川, 운남雲南, 귀주貴州 북부 지방) 전설에, 촉나라 임금 두
    우杜宇의 호는 망제望帝인데 그의 혼이 두견으로 화했으며 그 우는 소리가 '귀촉도 불여귀歸蜀道 不
    如歸'와 같다고 했다. 또 자규子規라고도 하며, 이태백 시에 "우문자규제又聞子規啼, 야월수공산夜月
    愁空山"이라고 했다.
    (보완) 인용한 시는 이태백의 시 〈촉도난蜀道難〉에 나오는 구절이다. "또 두견새가 달밤에 빈 산을 근
    심하며 우는 소리가 들린다"는 뜻이다.
25 (원주) 파산은 파촉의 산.
26 송나라 고종이 앵무새들을 궁궐에서 길렀는데, 앵무새들이 고향으로 돌아가기를 원하자 섬서성 농산
    에서 놓아주었다고 한다.
27 (원주) 명황 궁중: 당 명황이 백색 앵무를 궁중에서 길러서 언어를 가르치며 시편을 두어 번 읽어 주면
    곧 낭송하므로 이름을 설의녀雪衣女라고 불렀다.
    (보완) 당 명황은 현종이다.

설녀雪女의 이름을 얻었으며, '양 씨楊氏 가내'[28]에 악처惡妻를 고발하고 녹의綠衣의 칭호를 받았사외다. '예형禰衡 사부詞賦'[29]는 서역의 영조靈鳥를 칭찬했으며, '향산香山 시구'[30]는 강동江東의 신세를 영탄했사외다. 사람의 말을 하면서 오히려 조류의 본색을 버리지 않거늘 영물의 마음을 가지고 어찌 서배의 죄행에 참여하오리까? 언변을 좋아하는 탓으로 누명을 무릅쓰게 되었사오니 이 뒤부터는 함구무언緘口無言[31]하고 치지도외 置之度外[32]하오리다.

창고신은 두견과 앵무의 공술을 듣고 나서 생각하기를

앵무는 무죄한 새지만 특별히 범죄에 대한 고발을 잘한다니 금후에도 붙들어 두어 이용할 필요가 있으며, 두견은 불평과 원한이 많은 새인즉 사람을 친애하는 마음이 적을 것이나 그가 옛날 임금의 넋이기 때문에 경홀히 대접할 수 없다.

---

28 (원주) 양 씨 가내: 장안 호부 양숭의楊崇義의 아내 유 씨劉氏가 이웃집 이감李弇이란 자와 공모해 숭의를 죽여 우물 속에 묻은 다음 유 씨가 관청에 고소하니, 관원이 그 집에 가서 검사하는데 시렁 위에 있는 앵무가 홀연히 말하기를 주인을 죽인 자는 이감이라 하므로 그 말에 의해 범인이 판명되었다. 당 명황은 그 앵무를 녹의사자綠衣使者로 봉했다.

29 (원주) 예형 사부: 동한東漢 말년에 예형이 〈앵무부賦〉를 지었는데 그 첫 머리에 "惟西城之靈鳥挺自然之奇矣"라고 했다.
    (보완) 최익한은 '메형'으로 표기했으나, '예형'으로 고쳤다. 인용문은 정확하게 기재하자면 "서역에서 온 신령스러운 새, 자연의 기특한 자태를 갖고 있으니"(惟西城之靈鳥兮, 挺自然之奇姿)이다.

30 (원주) 향산 시구: 향산은 당나라 시인 백거이白居易(자는 낙천樂天)의 호다. 그의 시 〈앵무〉에 "隴山鸚鵡到江東, 養得經年嘴漸紅. 常恐思歸先剪翅, 每因餧食暫開籠. …"이라고 나온다.
    (보완) "농산 앵무새는 강동에 이르러서 연말을 거치며 점점 붉어졌다. 항상 돌아갈까 두려워 먼저 날개를 자르고, 매번 먹일 때마다 잠깐 새장을 연다"는 내용이다.

31 입을 다물고 말을 하지 않음.

32 내버려 두고 문제 삼지 않음.

하고, 앵무는 농 속에 넣어 두며 두견은 특별히 후원의 두견화 가지 위에다 앉혀 두었다. 그리고 창고신은 쥐를 꾸짖어 말하기를

두견은 제 울음을 울었고 앵무는 제 말을 말했다. 너를 사촉한 자는 과연 누구뇨?

했다. 쥐는 다시 꾀꼬리(鶯)와 나비(蝶)를 끌어대었다.

늙은 것이 날마다 백옥 같은 쌀을 먹고 배를 두드리며 그야말로 늘어진 팔자에 아무런 걱정도 없이 지낸 지가 오랫사외다. 어느 날 마침 사람의 자욱 소리도 없고 고요한 가운데에 일기가 매우 좋기에 울적한 회포를 풀기 위해 잠간 옛날 은거하던 곳으로 돌아가 보온즉, 황금빛 나는 꾀꼬리가 나뭇가지에 와서 반가운 낯으로 맞이해 정다운 노래를 불러 주었으며, 꽃 사이에는 흰 나비들이 앞을 다투어 기쁜 춤을 추어 주므로 이 늙은 것도 흥에 겨워서 한바탕 잘 놀았사외다. 이걸 보더라도 꾀꼬리와 나비는 저의 친절한 친구로서 저의 안락한 생활을 축복한 자들이외다.

이 말을 들은 창고신은 나졸을 보내서 꾀꼬리와 나비를 붙들어다 놓고

너희가 저 늙은 쥐의 당류로서 즐겁게 놀았으며 그놈의 죄행을 축복하였느냐?

고 물었다. 그래서 꾀꼬리는 아름다운, 그러나 목멘 소리로 답변한다.

> 동풍이 불고 세우細雨³³가 개면, 뒷산에 꽃봉오리들은 어여쁜 입을 벌리
> 고 웃음을 띠우며 앞강에 버들가지들은 푸른 눈을 뜨고 춤을 추외다. 이러
> 한 시절에 저는 비로소 그윽한 골짜기에서 나와서 꽃다운 들 숲에 옮겨 앉
> 았사외다. 침針같이 날카로운 목소리는 춘흥에 잠긴 꿈들을 깨워 주었사
> 오며,³⁴ 북(梭)같이 가벼운 몸집은 수양에 늘어진 실들을 짜기도 했사외
> 다.³⁵ 옛날부터 시인, 사객詞客과는 노래를 주고받고 했을망정 저와 같은
> 천류 미물과 어찌 기쁨을 나누었사오리까?

그다음 나비는 두 날개를 가냘프게 팔랑거리며 공술한다.

> 모든 꽃이 산기슭에 만발하고 꽃다운 풀들이 강둑에 무르녹으면, 분결 같
> 은 날개는 가벼운 바람을 타고 쌍을 지어 백설같이 나붓기오며 곳을 따라
> 낙화落花처럼 춤추외다. 혹은 은사隱士와 함께 청산의 길을 찾았사오며

---

33 가는 비.
34 (원주) "꾀꼬리 소리가 속이俗耳를 침폄針砭하고 시장詩腸을 고취鼓吹한다"는 대옹戴顒의 말을 인
    용한 것이다.
    (보완) 대옹(377~441)은 동진의 뒤를 이은 남조의 왕조인 유송劉宋(420~479)의 은사隱士이다. 이는
    후당 풍지馮贄의 《운선잡기雲仙雜記》에 나왔는데, "진晉나라 대옹에게 '봄날에 감귤 두 개와 술 한 말
    을 가지고 어디론가 가는데 어떤 사람이 어디 가느냐'고 묻자, 대옹이 '꾀꼬리 소리를 들으러 간다. 그
    소리는 속된 귀를 치료해 주고 시심을 고취한다'(戴顒春攜雙柑鬥酒, 人問何之, 曰 往聽黃鸝聲, 此俗耳
    針砭, 詩腸鼓吹)고 답했다"는 내용이다.
35 (원주) 당시에 "앵척금사직류사鶯擲金梭織柳絲"라고 했다.
    (보완) 중국에서는 꾀꼬리를 '금사金梭', 즉 '금빛 나는 베틀 북'이라고 하는데, 꾀꼬리가 버드나무 사
    이를 재빠르게 왔다 갔다 하는 모습이 마치 베틀에서 금북이 왔다 갔다 하는 모습 같아서 비유한 말이
    다. 金梭를 金棱으로 잘못 기재했다.

혹은 속세를 떠나 '칠원漆園의 꿈'[36]으로 화했사외다. 본디 무심한 유희오니 어찌 유정한 행동이로리까?

창고신은 꾀꼬리와 나비의 공술을 듣고 문득 생각하기를

노래와 춤은 탕자음부蕩子淫婦가 즐기는 것인즉 그들을 십분 믿을 수 없다.

하고 그들을 옥에다 가두었다. 창고신은 다시 쥐더러

꾀꼬리는 제 소리를 했는데 노래라고 하는 것은 사람들이 지어낸 말이며, 또 나비는 제멋대로 날아다니는데 춤이라고 하는 것도 사람들의 말이다. 그러므로 그들 자신에게는 노래도 춤도 아니고 자연의 행동에 불과한 것이다.

하고 진정한 사촉자를 고백하라고 위협했다. 그래서 쥐는 다시 제비(燕)와 개고리(蛙)를 대었다.

저는 본디 빈궁한 미물이었사오나 창고에 들어가서 졸부가 된 이후로 소원 성취하와 수만 석의 장자로서 범의 눈썹도 그립지 않게 살며[37] 아무런

---

36 (원주) 칠원의 꿈: 《장자》에 장주莊周가 꿈에 호접胡蝶이 되어 펄펄 날며 호접이 장주인지를 몰랐다고 했다. 장주는 일찍이 칠원이란 지방의 관리가 되었다.

37 《마의상법麻衣相法》, 〈논미편論眉篇〉에 따르면 "'범의 눈썹'(虎眉)은 유복하고 장수하고 무정하나 반드시 부자 된다"(이대환 엮음,《마의상법》, 여산서숙, 2016, 88쪽)고 했으므로, 부자가 된 쥐는 '범의 눈썹'을 더는 그리워할 필요가 없다는 뜻인 듯. 《마의상법》은 당나라 말 송나라 초 오대五代 간에 희이希夷

걱정도 없이 지냈사외다. 그러나 한 가지 걱정하는 바가 있었사외다. 만일 저의 범죄가 발각되면 어떻게 하나 하고 머리를 앓고 있던 즈음에, 홀연히 창고의 남쪽 처마에 한 쌍 제비가 날아와 앉아서 저를 향해 정녕 친절한 어조로 '지지위지지知之謂知之 부지위부지不知謂不知 시지야是知也'[38]를 백 번 일러 주고 천 번 일러 주었사외다. 늙고 투미한 것이 처음에는 무심히 들었사오나 제비는 장시간 되풀이해 일러 주기에 비로소 알아차렸사외다. 그것은 즉 이다음 불행히 죄상이 발각되어 관가의 문초를 받을 경우에 반드시 '부지不知', '부지'로만 대답하라는 의미인 줄을 깨달았던 것이외다.

늙은 쥐는 계속해 말한다.

이 늙은 것이 늦팔자가 좋아서 수만석꾼의 졸부가 된 후로 창고 앞에 못에서 무리로 살고 있던 개고리가 몹시 저를 부러워했사외다. 그래서 그들은 배를 내밀고 두 볼을 불룩거리며 농군들의 농악에 꽹가리 치는 소리로서 풍악을 잡히어 저에게 들려주었사외다. 그들의 소리는 '독악락獨樂樂 여

(871~989)가 스승 마의선사에게서 상학相學을 전수해 지은 책이다. 우리나라에도 《마의상법》, 《마의상서》라는 이름으로 유포되었던 듯하다.

38 (원주) "知之謂知之, 不知謂不知, 是知也"는 《논어》에 있는 공자의 말인데, "아는 것은 안다 하고 알지 못하는 것은 알지 못한다 하는 것이 즉 아는 것이다"라는 의미이다. 다시 말하면 아는 것과 모르는 것을 정직하게 말할 것이오, 모르는 것도 아는 체하지 않는 것이 도리어 아는 것이라는 것이다. 그러나 옛날 강생講生과 학동들이 이 구절을 입빠르게 외우는 소리가 마치 제비의 소리와 같다고 하여 '제비도 《논어》를 읽는다'는 속담도 있게 되었다.
(보완) 《논어》, 〈위정爲政〉에 나오는 "知之爲知之, 不知爲不知, 是知也"를 가리킨다. 최익한은 '爲'를 '謂'로 서술했다. 착오가 있었던 것으로 보인다. 또한 앞서 96쪽 "제비가 《논어》를 읽고" 하는 구절에서 이 내용을 사용했음을 잊어버린 듯하다. 다만 내용에 대한 활용은 좀 다르게 했다.

중악락與衆樂樂 숙락孰樂'[39]을 항상 되풀이했으니, 이는 그들이 이 늙은 것에게 수만 석의 재산을 혼자 먹지 말고 저들과 함께 논아 먹자는 의미였사외다. 또 그들이 그렇게 요란스러운 소리로 이 늙은 것을 졸라 대면서도 한 놈도 관가에 고발한 적이 없어서 참으로 고맙게 생각했사외다. 이것을 보면 저의 범죄를 끝내 두호해 준 자는 개고리들이외다.

창고신은 늙은 쥐의 공술을 듣고 나서 제비와 개고리를 잡아다 놓고 크게 꾸짖고 엄중히 문초했다. 문초를 받은 제비는 자주빛 나는 턱을 까불거리고 먹빛 나는 날개를 펴락 오그리락 하면서 대단 초조한 태도로 공술한다.

이 몸은 본디 강남 출신으로, 봄이면 부처夫妻가 함께 강북에 왔다가 가을이면 자녀를 데리고 고국으로 돌아가외다. 진흙을 물어다가 난간欄干 위에 집을 지으며 바람을 타고서 장안의 거리로 날아다니외다. 혹은 꽃 속으로 드나들며 혹은 버들 사이로 오락가락하외다.[40] 말은 시인의 의사를 통

---

39 (원주) "獨樂樂 與衆樂樂 孰樂"은 《맹자》에 있는 문구인데, 맹자가 제선왕齊宣王더러 혼자서 듣는 음악의 즐거움과 민중과 함께 듣는 음악의 즐거움 가운데 어느 것이 더 즐거우냐고 한 것이다. '제비가 《논어》를 읽는다'는 속담과 꼭 같은 유래인바, '개고리가 《맹자》를 읽는다'는 것은 '각각' 하는 소리가 그에 비슷하다는 것이나, 이 글의 작자는 그 문구의 의미를 풀이해서 혼자 먹는 것보다 여럿이 논아 먹는 것이 좋지 않으냐는 것으로 인용했다.
    (보완) 이 또한 앞서 96쪽에서 "개고리가 《맹자》를 읽고"라는 부분의 각주에 인용된 내용을 다시 활용했다.
40 《서옥설》 원문에는 '오의항烏衣巷'으로 들어갔다고 하여 유우석劉禹錫의 시 〈오의항〉을 인용한 것으로 나온다. 원문은 다음과 같다. "주작교 옆에는 들꽃이 피어 있고, 오의항 입구에는 석양이 비껴 있네. 예전 왕 씨, 사 씨 저택 처마 밑에 살던 제비, 이제 백성들 집으로 날아드네"(朱雀橋邊野草花 烏衣巷口夕陽斜 舊時王謝堂前燕 飛入尋常百姓家).

하오며 글은 학자의 문정에서 배웠사외다.⁴¹ 다리는 멀리 정다운 사람의 편지를 전했사오며⁴² 마음은 항상 옛 주인의 은혜를 생각하외다. 다만 자연을 말씀하얐거니와 어찌 요물을 가르쳤사오리까?

그다음 개고리는 성이 나서 앞가슴을 풀무처럼 벌떡거리며 공술한다.

저는 본디 진흙 속의 미물로서 우물 밖을 모르외다. 황매黃梅 시절에 가는 비가 내리거나 청초지당靑草池塘에 밝은 달이 비치우면⁴³ 낙락樂樂한 마음에 견디지 못하와 각각閣閣⁴⁴의 소리를 내지 않을 수 없사외다. 음악은 자연의 울음이오니 원래 공사公私⁴⁵를 분별하지 않으며, 과두蝌蚪⁴⁶는 전생의 일이거니 어찌 기억에 남았사오리까? 억울한 심사는 다만 배가 불어날 뿐이외다.

---

41 문정은 '門庭', 즉 '대문大門이나 중문 안에 있는 뜰'인 듯하다. 따라서 학자의 문정에서 배웠다고 하면 학자의 집에 드나들면서 배웠다는 뜻으로 볼 수 있다.

42 (원주) 편지를 전했다: 서한西漢 이능李陵의 시에 "수중유단서袖中有短書, 원기쌍비연顯寄雙飛燕"이라 했다. 또 옛날 장안 사람 임종林宗의 처 곽소란郭紹蘭이 장사로 강남에 가 있는 자기 남편에게 보내는 시를 써서 제비 다리에다 매었더니, 그 제비는 날아가서 임종의 어깨에 앉아서 전해 주었다고 했다.
   (보완) "소매 안에 짧은 편지가 있으니, 날아가는 한 쌍 제비편에 부치려 하네"라는 내용이다.

43 중국 남송 시인 조사수趙士秀의 〈약객約客〉에서 따온 듯하다. "매실이 익는 시절에 집집마다 비가 내리고, 풀빛 푸른 연못에는 곳곳에 개구리 우는 소리, 오기로 한 손님은 한밤이 지나도 오지 않고, 한가로이 바둑돌 놓는 소리에 등잔 불꽃 떨어지네"(黃梅時節家家雨 靑草池塘處處蛙 有約不來過夜半 閒敲棋子落燈花).

44 개골개골.

45 (원주) 진쯥나라 혜제惠帝가 어리석어서 어느 날 후원에서 개고리 우는 소리를 듣고 신하더러 '개고리가 관가를 위해 우는가? 사가를 위해 우는가?' 하고 물었다.

46 올챙이.

창고신은 제비와 개고리를 옥에 가두고 다시 쥐더러

계집애 같은 제비 소리와 맹꽁이 같은 개고리 소리는 모두 제 소리를 한 것이었고 너를 위한 울음은 아니다. 어서 진정한 사촉자를 고백하라.

고 했다. 이에 쥐는 다시 박쥐(蝙蝠)와 참새(鳥雀)을 찍어 대었다.

대낮에 잡혀 온 박쥐는 겁이 나서 감히 눈을 뜨지 못하고 허둥지둥했다. 박쥐를 처음 대면한 창고신은 대단 음흉한 놈으로 생각하고 엄중히 위협했다. 박쥐는 심히 황공무지惶恐無地한 태도로 공술한다.

저의 발톱은 날카로운 침과 같고 날개는 둥근 일산과 같사오나 항상 출입을 삼가며 또한 고요함을 좋아하외다. 날짐승과 길짐승의 중간에 처하고 항상 중립을 지키고 편당을 피하외다. 바람 잦고 비 갠 밤이면 공중에 날아 잡충을 우피오며,[47] 달 지고 별 돋는 새벽이면 나뭇가지에 앉아 과실을 따 먹사외다. 쥐와는 가끔 동색同色[48]의 혐의를 받사오나 기실은 이류[49]의 처지에 있사외다.

그다음 참새들은 몹시 놀라서 초조한 태도로 공술한다.

저희의 지혜는 능히 나무를 가려서 깃들며 마음은 항상 밭에서 지저귀기

---

47 '우피다'는 잡아먹는다는 뜻으로 짐작된다.
48 같은 모양.
49 異類인 듯.

를 좋아하외다. 마을에 비가 개면 꽃 사이에 꿀같이 흐르는 이슬을 마시오며 혹은 들밭에서 개 꼬리처럼 드리운 이삭을 따 먹사외다. 새벽에는 시인의 잠을 깨우며 봄철에는 자연을 노래하외다. 구름을 향해 나는 저희가 어찌 땅에 기는 무리와 함께 자리를 다투고 화복을 같이 하오리까?

창고신은 박쥐에 대해서는 여전히 좋은 인상을 가지지 아니했으며, 참새들에 대해서는 비명을 울리는 것이 불쌍하기도 하나 모두 옥에 가두었다.

창고신은 다시 쥐를 보고

박쥐와 참새들은 너와 공모한 형적이 없으니 사촉자를 바로 대어라.

고 호령했다. 그래서 쥐는 다시 까마귀(烏)와 까치(鵲)를 끌어대었다.

까마귀는 옛날부터 악조惡鳥로 유명하외다. 그리고 까치도 까마귀와 '까막까치'로 항상 붙어 다니는 놈이외다. 창고 앞 고목 나뭇가지에다 집을 지어 놓고 매일 저의 범죄 행동을 보고서도 한 번도 관가에 보고하지 않고, 아침마다 관청문 앞에 가서는 도리어 기쁜 일로만 허위 보고를 하얏사외다. 이것이 저의 죄상을 숨겨 준 것이 아니오니까?

창고신은 까마귀와 까치를 잡아왔다.
까마귀는 몹시 원통한 생각으로 주둥이를 땅에다 조아리고 까왁까왁하면서 공술한다.

저는 본디 금오金烏의 후손이오, 옥토玉兎의 배필이외다.[50] '순舜임금의 뜰에'[51] 모여서는 대성大聖의 효성을 증명했사오며, '신라新羅의 거리에'[52] 울어서는 중놈의 음모를 고발했사외다. 매성유梅聖兪[53]는 사부를 써서 저의 충고忠告를 감탄했으며, 이태백李太白[54]은 곡조를 지어 저의 신의信義를 노래했사외다. 한식寒食 옛 무덤에는 지전紙錢[55]을 물고 배회하오며 추풍낙엽에는 석양을 지고 날아가외다. 영오靈烏의 이름을 지니고서 어찌 간물의 죄행에 상관했사오리까? '그 사람을 사랑하면'[56] 그 집

---

50 (원주) 금오, 옥토: 전설에 해를 금오라 하고 달을 옥토라 했다.

51 (원주) 순임금의 뜰에:《포박자抱朴子》란 책에 "옛날 순이 지극히 효성하니 세 발 가진 까마귀가 그의 뜰에 모였다"고 했다.

52 (원주) 신라의 거리에:《삼국유사三國遺事》에 나오는 사금갑射琴匣과 오기일烏忌日의 전설을 가리킨 것이다.
(보완)《삼국유사》에 나오는 사금갑 전설은 신라 소지왕 또는 비처왕이 연못에서 나온 노인의 편지 때문에 죽을 위기를 넘겼다는 내용이다. 편지에 '거문고 갑을 쏘라'라고 쓰여 있었고, 활로 거문고 갑을 쏘니 그 속에는 왕비와 정을 통한 중이 숨어 있었다고 한다. 이 사건은 까마귀를 따라가면서 생긴 일이어서 정월 대보름을 오기일이라 부르면서 까마귀에게 찰밥을 공양했다고 한다.

53 (원주) 매성유: 송나라 매성유가《영오부靈烏賦》를 지었고 범희문范希文이 또한《영오부》를 지어서, 까마귀가 인간의 길흉吉凶을 정직히 알려 주다가 도리어 화를 만났다는 것을 탄식했다.
(보완1) 최익한은 '梅聖喩'라고 오기했다.
(보완2) 매성유는 중국 북송 시인 매요신梅堯臣(1002~1060)의 자이며, 범희문은 북송 정치가이자 문학자인 범중엄范仲淹(989~1052)의 자이다.

54 (원주) 이태백: 이태백은《오야제烏夜啼》라는 가곡에서 "庭樹烏, 爾何不向別處棲, 夜夜夜半當戶啼.…"라고 했다.
(보완) 이 가곡의 저자는 당나라 시인 왕건王建이며, 인용된 내용은 "정원 나무 위 까마귀, 너는 어찌 다른 곳을 향하지 않고, 밤중에 그 집에서 우는가?"라는 뜻이다. 이후 비바람이 불어도 까마귀는 다른 곳을 가지 않았다는 내용을 담고 있다.

55 (원주) 지전: 종이로 만든 돈. 옛날에는 귀신에 제사를 지낼 때에 구실과 폐백을 썼는데, 위·진晉 이래로 비로소 지전으로 대용했다. 한식 같은 명절에 조상 무덤에 지전을 뿌리며 제사하면 까마귀는 제물의 나머지를 주어 먹으려고 지전을 물고 나직이 난다.

56 (원주) 그 사람을 사랑하면: 강태공姜太公〈육도六韜〉에 "愛其人者 及其屋上烏, 憎其人者, 憎其除胥"라 했다.
(보완1) '除'는 '餘'로 표기해야 할 듯하다.
(보완2) "사람을 사랑한다면 그의 집 지붕 위에 있는 까마귀도 사랑하며, 사람을 미워하면 그 집 담장도 미워진다"(愛其人者 兼愛及屋上之烏, 憎其人者 憎其餘胥)는 뜻이다.

위의 까마귀까지를 사랑한다는 옛말이 있었거니, 쥐를 미워하야 유가 다른 날짐승까지를 미워하는 횡액을 당하오니 신운身運[57] 소치라 스스로 슬퍼할 뿐이외다.

그다음 까치는 대단히 흥분해 법관의 뜰에서 쪼작쪼작[58] 걸으면서 공술한다.

저는 본디 성질이 투미하지 않고 소리는 심히 명랑하외다. 나뭇가지에 집을 짓고 살므로 바람 방향을 잘 알며, 사람의 촌락을 이웃하고 있으므로 기쁜 소식을 먼저 알려 주외다. '은하銀河 칠석七夕'[59]에 견우牽牛의 다리(橋)를 놓아 주었으며, '계림鷄林 당일'[60]에는 석 씨昔氏의 궤짝을 고했사외다. 저의 계래[61]로서 한 번도 악명을 듣지 아니했거늘 어찌 토굴의 도적을 사촉하얏사오리까?

창고신은 문초를 마친 다음에 까막, 까치를 옥에 가두어 두고 쥐더러

57 이미 정해져 있어 인간의 힘으로는 어쩔 수 없는 천운天運과 기수氣數.
58 느리게 자꾸 아장아장 걷는 모양. 까치걸음에 이런 표현을 한 것이 흥미롭다. 최익한은 다산과 정조의 일화라고 하면서 "아침 까치 조작조작朝鵲"이라는 구절을 소개하기도 했다(최익한 지음, 송찬섭 엮음, 《실학파와 정다산》, 서해문집, 2011, 541쪽).
59 (원주) 은하 칠석: 전설에 7월 7석이면 까막까치는 하늘에 날아올라 가서 은하수에 다리를 놓아 주어 견우와 직녀로 하여금 서로 만나게 한다는 것이다.
60 (원주) 계림 당일: 신라 시조 박혁거세 39년에 큰 궤짝 하나가 바다에 떠서 오는 것을 해변 노파가 열어 보니, 아이 하나가 들어 있고 까치 한 마리가 따라 와서 짖었다. 이 아이는 석탈해昔脫解였다.
61 최익한은 '겨레'라는 용어를 자주 썼는데 이를 가리키는 듯.

까막, 까치의 원통한 사정은 잘 알았다. 너를 사촉한 놈은 누구냐?

하고 다조아 물었다. 그래서 쥐는 소리개(鳶)와 올빼미(梟)를 대었다.
　　소리개는 쥐를 거들떠보고는 몹시 분이 나서 한 번 싸거리고[62] 긴
소리로 공술한다.

저는 높이 날아 하늘에 닿으매 군자는 도체道體의 자연[63]을 읊었으며, 길
게 울어 비를 부르면 백성은 일기의 변환을 알게 되외다. 천성은 창공에서
놀기를 좋아하오며, 식성은 비린 것을 먹기를 탐하외다. 혹은 토끼 새끼
를 우피오며 혹은 병아리를 노리외다. 늙은 쥐를 남겨 둔 것이 후회막급한
일이외다.

그다음 올빼미는 공술한다.

저는 철없고 젊었을 때에 자모[64]에게 불효 망칙한 죄악을 범하와 차마 얼
굴을 들고 대낮에 나서지 못하는 놈이외다. 어떠한 누명을 쓰더라도 감히
입을 벌리고 변명을 하려고 아니하외다. 그러나 저 늙은 쥐로 말하오면 나
라의 창고를 침범하야 만민의 양식을 탐식했은즉 이는 불충막심한 놈이

62　'짜그리다'의 오타인 듯. 눈살이나 얼굴의 근육에 힘을 주어 주름이 잡히게 하다는 뜻.
63　(원주) 옛날 시에 "소리개는 날아 하늘에 닿고 고기는 못에서 뛰논다"(鳶飛戾天 魚躍于淵) 했으니, 이
　　는 만물이 각자 자연에 맡기어 스스로 즐긴다는 것을 의미함이다.
　　(보완)《시경》,〈대아大雅 문왕지십文王之什〉, '한록旱麓'에 실렸다.
64　(원주) 전설에 올빼미는 제 어미를 잡아먹는다고 했다.
　　(보완) 한자로는 慈母인 듯하다.

외다. 저는 깊은 수풀에 달이 떨어지면 짧은 목을 빼내어 부르짖으며, 옛 나무에 연기가 어두워지면 작은 날개를 치고 날뛰외다. 사람은 소리를 듣고 멀리 피하며 짐승은 모양을 보고 문득 놀라외다. 일찍이 쥐 무리를 다 잡아먹지 못한 것이 천추에 유한이외다.

창고신은 소리개와 올빼미의 공술을 듣고 나서도 오히려 미심한 생각이 있어 옥에 다 넣고 쥐에게

소리개와 올빼미는 너와 원수 간이므로 네가 복수의 마음을 품고 틀어 대는 것이다. 자복하지 아니하려는가? 사촉한 자는 누구냐!

고 했다. 그래서 쥐는 다시 거위(鵞)와 집오리(鴨)를 대었다.

뜻밖에 잡혀 온 거위는 대가리로 땅을 조아리며 객객거리는 소리로 호소한다.

저는 강호에 방랑하오며 혹은 인가에 깃들이외다. 오릉중자於陵仲子[65]는 저의 고기를 토해내고 청렴한 이름을 얻었으며, 산음도사山陰道士[66]는 저의 무리를 선사하고 《도덕경道德經》을 썼사외다. 맑은 물결에서 목욕하

---

65 (원주) 오릉중자: 《맹자》에, "오릉에 사는 진중자陳仲子는 거위를 보고 눈살을 찌푸리며 "어찌 이 꿰우꿰우 하는 자의 고기를 먹을가 보냐" 하고 모르고 먹었던 거위의 고기를 토해버렸다" 했다.
   (보완) 《맹자》, 〈등문공하滕文公下〉에 나온다.
66 (원주) 산음도사: 산음에 어떤 도사는 명필 왕희지王羲之에게 《도덕경》을 써 받고 거위 한 무리를 선사했다.
   (보완) 《진서晉書》 권80, 〈왕희지전王羲之傳〉에 나온다.

면서 그림자를 희롱하옵고 갠 볕을 쪼이면서 날개를 말리외다. 도적을 지키는 직책은 행할지언정 어찌 도적을 도운 누명을 쓰오리까?

그다음 집오리는 넓적한 주둥이를 내밀고 목에 무엇이 걸린 듯한 소리로 호소한다.

저는 강호에서 뜨락 잠기락 하고 사장에서 졸며 깨며 하외다. 다리는 비록 짧으오나 마음은 항상 유장하외다. 때로는 인가에 와서 기식할지언정 어찌 쥐구멍을 향하야 걸식하오리까?

심문을 마친 창고신은 거위와 오리를 옥에 가두어 두고 다시 쥐더러

거위와 오리는 아무런 죄가 없으니 사촉자를 바루 대어라.

고 했다. 쥐는 다시 뱁새(鶺鴒)와 비둘기(鵓鳩)를 찍어 대었다.
뱁새는 가는 목소리로 공술한다.

저는 한미한 짐승으로 나무에 앉으면 꿀방딱지⁶⁷만 하고 공중에 날면 빗방울만 하외다. 쑥대가 들판에 찼어도 집은 한 가지밖에 차지하지 못하오며, 나락이 밭고랑을 덮어도 배는 두어 톨에 그만 부르외다. 뭇 새가 먹기를 다투는 것을 매양 웃으오며, 일신이 주림을 모른 것을 스스로 자랑하외

---

67 꿀밤껍질. '꿀방'으로 표기한 것은 작다는 의미와 빗방울과 운율을 맞추기 위한 듯하다. 《서옥설》 원문에는 '율각栗殼'으로 표기되었다.

다. 이 욕심 없는 미물이 어찌 탐심 있는 악한을 상종했사오리까?

그다음 비둘기는 화평한 음조로 공술한다.

산협에 봄이 오고 살구꽃이 피어나면, 따스한 볕에 깃을 말리오며 가벼운 바람에 몸을 떨치외다. 새 날씨를 부르면서[68] 벅국벅국 하고 늦은 나울[69]을 헤치면서 날고 날고 날았사외다. 포곡布穀[70]의 소리로 농부의 밭갈이를 재촉하얐거니 어찌 간사한 마음으로 도적의 행위에 간여하얐사오리까?

창고신은 뱁새와 비둘기의 변명을 들은 다음 옥에 가두어 두고 쥐더러

뱁새와 비둘기는 말이 심히 명쾌하니 다시 바루 고백하라.

고 조기었다.[71] 그래서 늙은 쥐는 다시 뫼초라기(鶉)[72]와 꿩(雉)을 끌어대었다.

법정에 끌려온 뫼초라기는 작은 대가리, 생기다가 만 꽁지를 흔들

---

68 '새 날씨를 부르면서'의 뜻인 듯.《서옥설》원문에는 '환신청喚新晴'으로 표기되었다.
69 '노을'의 방언.
70 (원주) 포곡: 포곡은 비둘기의 별명. 고시에 "포곡처처최춘종布穀處處催春種"이라고 했다.
    (보완) 포곡은 뻐꾸기를 가리킨다. 두보의 〈세병마행洗兵馬行〉에 나오는 구절로서 "뻐꾸기는 곳곳에서 봄 파종을 재촉하네"라는 뜻이다.
71 마구 두들기거나 패다.
72 메추라기의 옛말.

며 애소한다.

저의 겨레는 풀 열매를 먹고 갈대 뿌리에 깃들이외다. 행길의 먼지 속에 엎드렸다가 네발돋이[73]에게 혹시 밟히오며, 산량山梁(꿩)의 아름다운 맛을 가졌으나 체신의 모양은 조금 다르외다. 성인은[74] 저의 거주를 본받아 정처定處가 없사옵고, 한사寒士[75]는 저의 날개와 같아서 의복이 남루하외다. 청빈한 생활에 어찌 탐욕이 있사오리까?

그다음 꿩은 어찌 되었는가? 산기슭, 바위 옆, 보득솔[76] 밑에서 아늑한 보금자리를 치고 장끼와 까투리가 꿀이 흐르는 듯한 생활을 하다가, 문득 법정에 끌려와서 몹시 놀란 소리로 장끼가 공술한다.

저는 산간 미물이오, 전원 종적이외다. 공자孔子는 산량[77]을 감탄했으며 여후呂后는 야계野鷄[78]로 개명했사외다. '다정한 소리에 처사處士'[79]는

---

73 네발 달린 짐승.
74 (원주) 성인은:《장자張子》에 "성인순거이구식聖人鶉居而鷇食"이라 했으니, 이는 뫼초라기와 같이 일정한 거지가 없고 새 새끼처럼 받아먹는다는 것이다. 鷇는 새 새끼.
75 (원주) 한사: 빈한한 사람의 의복이 남루한 것이 마치 뫼초라기 꽁지가 모지라진 것과 같다고 하여, '순의鶉衣', '현순백결懸鶉百結'이란 용어가 있게 되었다.
76 키가 작고 가지가 많은 어린 소나무.
77 (원주) 산량:《논어》에 공자가 "산량자치시재시재山梁雌雉時哉時哉"라고 했다.
   (보완)《논어》,〈향당鄕黨〉에 나오며 "산마루에 있는 까투리야, 제철을 만났구나! 제철을 만났구나!"라는 뜻이다.
78 (원주) 야계: 한나라 황후 여후의 이름이 꿩 치雉 자이기 때문에 그것을 피해 한나라 사람은 치를 '야계'라고 불렀다.
79 (원주) 다정한 소리에 처사: 전국시대 제선왕齊宣王 때에 처사 독목자犢牧子가 나이 50에 안해가 없더니, 나무하러 들에 나가서 꿩의 암컷 수컷이 나는 것을 보고 마음에 슬퍼해서〈치조비雉朝飛〉라는 노래를 지었다.
   (보완) 치조비는 '아침에 나는 꿩'이라는 뜻이며, 북송 곽무천이 편찬한《악부시집》,〈금곡가사琴曲歌

노래를 지었으며 찬란한 빛은 제왕의 의복을 수놓았사외다. 저의 고기에 침을 흘리는 자는 일찍이 많았지마는 이 내 명예에 똥을 칠하는 놈은 이번이 처음이외다. 늙은 쥐의 주둥이가 범의 아가리보다 더 흉하오니 신운 소치라 죽음을 각오하외다.

창고신은 뇌초라기와 꿩의 심문을 마치고 그들을 옥에 가두어 둔 다음에 다시 쥐더러

뇌초라기와 꿩이 너와 아무런 상관이 없었던 것은 분명하다.

하고 다시 다조았다. 그래서 쥐는 또 매(鷹)와 새매(鸇)[80]를 끌어대었다.
　　가을 아침에 기고만장으로 높이 떠돌다가 갑자기 그물에 홀치어[81] 끌려오는 보라매는 결이나서[82] 죽을 지경이다. 그는 번개가 번쩍이는 두 눈을 부리부리하면서 굽고 날카로운 부리로 공술한다.

저는 기운이 호건豪健하고[83] 마음이 모질며, 주리면 사람에게 붙어 있고 배부르면 제대로 날아가 버리외다. 서릿바람이 불면 갈색 날개를 떨치고 수풀을 노략하오며, 저녁 빛이 비껴지면 누른 개[84]를 따라 골짜기로 들어

辭)에 나온다.
80　수릿과의 새.
81　벗어나거나 풀리지 못하게 하다.
82　못마땅한 것을 참지 못해 성이 나다.
83　호건하다: 아주 세차고 굳세다.
84　《서옥설》 원문에는 '황이黃耳'라고 나온다. 황이는 진晉 육기陸機의 애견으로 유배를 간 주인의 편지를 넣은 대통을 목에 걸고 고향에 가 전하고 답장을 받아 왔다고 한다(《진서》, 〈육기전〉).

가외다. 위엄은 넓은 들판을 울리며 살기는 높은 창공을 뒤흔드외다. 비록 모진 범으로서도 문득 넋을 잃거늘 하물며 조그마한 벌레가 언감히 얼굴을 드오리까? 그 늙은 놈을 한 번 차버리지 못한 것이 통분하거니 어찌 입에 걸어 변명을 일삼으오리까.

그다음 새매는 역시 보라매와 비슷한 자세로 청황색의 날개를 퍼둥그리며[85] 공술한다.

저는 뜻이 큰 데 있지 아니하옵고 욕심이 쉽사리 만족하외다. 날개는 창공에 쏜 살보다 더 빠르며, 횟바람[86]은 수풀을 날카로운 칼로써 베는 듯하외다. 한 마리를 차기 위하야 뭇 새를 놀라게 하외다. 저의 소리만 들어도 줄똥을 싸고 달아나는 놈이 어찌 감히 저와 음모를 하오리까? 하늘을 찌를 듯한 분기에 가슴이 막혀서 말이 나오지 아니하외다.

창고신은 매와 새매를 우선 튼튼한 그물 속에다가 넣어 두고 쥐더러

매와 새매는 조류의 호걸이니 너같이 썩은 놈과 상통할 리가 만무하다. 어서 바루 대렸다.

했다. 그래서 늙은 쥐는 다시 큰 기러기(鴻)와 따오기(鵠)[87]를 사촉자로

---

85 퍼덕거리다의 뜻인 듯.
86 휘파람.
87 '곡鵠'은 따오기가 아니라 고니이다. 홍곡鴻鵠은 포부가 원대하고 큰 인물을 일렀으므로 둘을 함께 묶

대었다.

기러기는 가을바람을 타고 강호의 달밤을 찾아가는 도중에 갑자기 그물에 걸려 와서 슬피 우는 긴소리로 공술한다.

저는 강남의 출신이오 관산關山[88]의 나그네로서, 추위에 놀라면 꿈은 갈대 언덕에서 깨오며 달밤에 날면 그림자는 가을 들에 비끼외다. 삼삼오오의 항렬은 형제의 차서를 온전히 지키오며,[89] 정정당당한 형세는 대오의 진법陣法[90]을 엄숙히 따르외다. 항상 사람의 화살을 피했더니 불행히 죄수의 그물에 걸렸사외다. 진작 멀리 날지 못한 것을 한하오며 차라리 속히 죽어 버리기를 원하외다.

그다음 따오기는 하늘이 멀고 높은 줄을 모르고 날 대로 날아가다가 홀지忽地에[91] 잡혀 와서 긴 목을 빼며 긴소리로 공술한다.

자취는 항상 세속을 떠나옵고 뜻은 멀리 구름 밖에 있사외다. 천지가 좁아서 의탁할 곳이 없사옵고 일월이 어두워 고결한 생각을 가지외다. 양지陽地를 좇아 다니는 기러기와 짝하기를 즐기오며, 진흙에 헤매는 벌레와 사귀기를 부끄리워하외다. 의외의 허물을 입사와 차라리 변명을 하지 않으려 하외다.

은 듯하다.
88 국경이나 주요 지점 주변에 있는 산.
89 형제간을 안항(雁行)이라고 한다.
90 기러기 행렬 모양의 진법을 안진雁陣이라고 한다.
91 뜻하지 않게 갑작스럽게. '졸지에'와 비슷한 뜻이다.

창고신은 후원의 못가에 가벼운 그물을 치고 그 가운데에 기러기와 따오기를 넣어 둔 다음 쥐더러

기러기와 따오기는 본디 개결介潔한[92] 성질을 가지고 있는 자들이니 결단코 너의 죄행에 참여했을 리가 없다. 사촉자를 바루 대어라.

했다. 그래서 늙은 쥐는 황새(鶴)와 들오리(鶩)를 끌어대었다. 황새는 졸지에 잡혀 와서 긴 목과 긴 주둥이를 내밀고 공술한다.

저는 넓고 한가한 들 물과 모자리[93]에서 마시고 쪼아 먹는 것으로 낙을 삼고 있사외다. 날이 저물면 갯가 나무 위에 깃들이오며, 비가 개면 언덕 밑에 갈대밭에서 조용히 거닐고 있사외다. 탄환을 가진 소년들을 매양 두려워하오며 돌멩이를 던지는 행인들을 심히 미워하외다. 날고 기는 것이 유가 다르거니 검고 흰 것이 어찌 분별이 없사오리까?

그다음 들오리는 공술한다.

저는 사람들이 모두 친하려 하오나 야성이 인가에 깃들 수 없사외다. 달이 먼 들에 잠기면 새벽안개를 뚫고 서로 부르오며, 하늘이 가을 물에 닿으면 늦인 노을과 함께 가지런히 날으외다. 몸은 도롱이를 입은 늙은이와 친하오며 걸음은 문부를 안은 아전과 같사외다. 옥같이 조촐한 마음이오니 칼

---

92 개결하다: 성품이 깨끗하고 굳다.
93 '못자리'의 북한어.

이 목에 들어온들 무엇이 겁나오리까?

창고신은 황새와 들오리를 옥에 가두어 둔 다음 다시 쥐더러

너를 사촉한 자는 따로 있으니 어서 바로 고백하라.

고 했다. 그래서 늙은 쥐는 갈매기와 해오라비(鷺)[94]를 끌어대었다.

갈매기는 만경창파에 뜨락 잠기락 하며 흘러 저어 가는 일엽편주
와 함께 물결을 희롱하다가 갑자기 잡혀 와서 공술한다.

저는 세상을 잊고 물을 즐기외다. 시인은 더불어 친하기를 원하며 어부는
함께 놀기를 맹서하외다. 평사平沙[95]에서 달을 짝하여 졸며 갯가에 비를
맞고 희롱하외다. 쥐와 갈매기는 본디 무리가 다르와 마치 속인과 신선이
서로 아랑곳하지 아니함과 같사외다.

그다음 해오라비는 전신을 하얀 수실로 장식해 그 풍신이야말로
선풍도골仙風道骨[96]이다. 갑자기 시국의 화망禍網에 걸려들어 와서 몹시
서글픈 감상을 품고 공술한다.

저는 본디 강호에 생장하와 세속을 모르외다. 흰 털에는 서리가 어리웁고

---

94 '해오라기'의 방언. '백로'라고도 한다.
95 모래로 덮여 있는 평평한 갯벌.
96 신선의 풍채와 도인의 골격이란 뜻으로, 남달리 뛰어나고 고아高雅한 풍채를 이르는 말.

깨끗한 얼굴은 백옥에 겨누외다. 쪽(藍)빛 같은 봄 물결에 내려앉으면 사람들은 멀리서도 능히 분변하오며, 눈빛 같은 갈대꽃에 가까이 가더라도 고기 떼는 피하지를 아니하외다. 다릿목 아침 볕에 긴 옷을 쪼이오며 뱃나루 저녁 연기에 외로운 자취를 감추외다. 창파滄波[97]에 좋이 씻은 몸으로서 어찌 똥거름에 뒹구는 무리를 가까이하오리까?

창고신은 갈매기와 해오라비를 큰 기러기와 따오기를 둔 곳에 몰아넣고 쥐를 불러서

갈매기와 해오라비는 강호의 무리니 너와는 길이 다르다.

하고 다시 조겨 쳤다.[98] 그래서 쥐는 생각하기를

성질이 담박하고 모양이 깨끗한 새들은 자기의 공범자로 인정받기가 곤란한즉, 이들과 반대로 성질이 악독하고 모양사리가 험상스러운 놈들을 사촉자로 끌어댈 수밖에 없다.

하고 이에 골새(鶻)[99]와 독수리(鷲)를 지목했다.

골새는 높은 산에 앉아서 사방을 돌아보며 미끼를 찾는 즈음에, 신

---

97 넓고 큰 바다의 맑고 푸른 물결.
98 '조기어 쳤다'인 듯.
99 송골매를 가리킨다.

병의 그물에 울키어[100] 법정에 나타나서 날카로운 부리로 공술한다.

저는 모진 새의 족속으로 힘은 돌격에 뽐내며 날개는 질풍과 같사외다. '굶주려도 잡았던 새를'[101] 먹지 않으니 유종원은 옳게 여겨 기록했으며, 병들어 '세속 사람들의 업수임을'[102] 받았으니 두자미杜子美는 시를 지어 읊었사외다. 용맹하고 의리를 지키오니 약한 놈을 어찌 도울 수 있사오리까?

그다음 독수리는 꼬부랑하고 끝이 뾰족하기가 농부의 목낫[103] 같은 부리, 펼치면 일여덟 자나 되는 날개―무서운 자태로서 돌연히 신병의 그물에 걸리어, 마치 모진 범이 함정에 빠져 노호하듯이 소래기[104]를 지르며 푸덕거리다가 할 수 없어 잡히어 왔다. 분기 발발한 태도로 공술한다.

---

100 '얽히다'는 뜻인 듯.
101 (원주) 굶주려도 잡았던 새를: 당나라 유종원의 《설골說鶻》에, "장안 천복사薦福寺 석탑에 골새가 집을 짓고 산 지가 해포 되었는데, 겨울에는 그가 반드시 한 줌 되는 새 한 마리를 잡아다가 두 발로 가끔 섞바꾸어 쥐고 앉아서 온기를 취하고 아침이 되면 석탑 위에 날아올라 가서 그 새를 놓아 보낸 다음, 그 새의 날아가는 방향을 보아 만일 그 새가 동으로 날아가면 그는 반드시 반대 방향인 서쪽으로 가서 다른 새를 잡아 오든지 또는 잡아먹든지 한다"고 했다.
  (보완) 해포: 1년 남짓.
102 (원주) 세속 사람들의 업수임을: 당나라 두자미(두보의 자)의 〈아골행呀鶻行〉에 "病鶻卑飛俗眼醜, 每夜江邊宿衰柳. …"라고 나온다.
  (보완) 두보의 시 〈아골행〉의 첫 두 구절 "병골고비속안추病鶻孤飛俗眼醜, 매야강변숙쇠류每夜江邊宿衰柳"이다. 최익한의 원주에서는 '孤'가 '卑'로 바뀌어 있다. 대략 "병든 송골매가 외롭게 나니 속된 눈빛이 추하다. 매일 밤 강변 쇠한 버드나무에서 잠을 잔다"는 뜻이다.
103 나무를 자르거나 찍을 때 사용하는 낫.
104 소리를 속되게 이르는 말.

저는 큰 바위 틈으로 집을 삼고 높은 창공을 놀이터로 여기외다. 몸을 솟
구어 날개를 펼치면 그림자는 백주의 구름장을 이루오며, 위엄을 떨쳐 바
람을 헤치면 수파람[105]은 청산의 깊은 수풀을 진동하게 하외다. 사람도 머
리를 채일까 봐 두려워하거든 짐승이야 어찌 얼굴을 감히 나타내오리까?
늙고 간사한 놈을 한 번 차버리지 않고 남겨 둔 것이 이 더러운 말을 듣는
유일한 화근이외다.

창고신은 골새와 독수리를 튼튼한 쇠사슬에다 매어서 가두어 두고
늙은 쥐를 불러

골새와 독수리는 비록 모진 새들이지만 너같이 간사스럽고 좀상스러운
놈과 통모했을 리가 없으니 어서 바루 고백하라.

고 호통을 쳤다. 그래서 쥐는 생각하기를

모진 새들은 아무래도 제 꼴값을 하느라고 좀처럼 굴복을 아니하니 이번
에는 성질이 곱고 체격이 연약한 새들을 끌어대야겠다.

하고 비취翡翠와 원앙鴛鴦을 지적했다.
수놈 비翡와 암놈 취翠가 봄날 물가에서 아름다운 풍채를 서로 자
랑하면서 즐기다가 갑자기 한꺼번에 잡혀 왔다. 자웅은 서로 향하야 애

---

105 휘파람. '수파람'은 임금을, '암파람'은 백성을 은유한다는 말도 있다.

처로워하며 서러운 태도로 공술한다.

저희는 월남越南의 출신이오,[106] 강북江北의 진객珍客이외다. 아름다운 빛깔은 보석의 이름으로 나타났으며(비취석翡翠石), 찬란한 자태는 귀족의 의복에 수놓았사외다. 혹은 인가의 비단 농 속에 깃들이오며 혹은 강호의 봄 구름가에서 날며 기뻐하외다. 간사한 짐승과는 본디 유가 달랐거니 어찌 그들의 꼬임에 빠졌사오리까?

그리고 수놈 원鴛과 암놈 앙鴦은 새로 짝을 짓고 강호의 물결 위에서 화락한 소리를 서로 주고받고 희롱하는 판이었다. 그리다가 원앙 한 쌍은 한 그물에 얽히어 법정에 출두해 공술한다.

몸은 강호에 노니오며 이름은 인간에 전파되었사외다. 갯가 봄날에 어미는 새끼를 데리고 자무락질하오며, 비 뒤 비단 물결에 암놈은 수컷을 짝하야 뜨락 잠기락 하외다. 찬란한 날개는 '귀한 문채를 사랑하는 시인'[107]이 읊었사오며, 곧은 절개는 두 남편을 섬기는 여자를 부끄럽게 하외다. 제 짝밖에 모르는 순결한 마음으로써 어찌 남의 더러운 행동에 간여했사오

---

106 조선 후기 이옥李鈺(1760~1812)은 글에서 "'대숲 우거진 시골에 비취새 우네'(脩竹村家翡翠啼)라고 하면 월나라의 공물인데 어찌 조선국의 촌가가 되겠는가?"(《완역이옥전집》,〈삼난三難〉)라고는 했는데, 이를 통해 월남의 새라고 알려져 있음을 알 수 있다. 고려 홍간洪侃(?~1302)의 시〈그 자리에서 백이재에게 주며(席上贈白彝齋)〉에도 "중국 염주에 사는 비취와 함께 노닐지 마라. 번쩍이는 오색 털은 언제나 근심일지니"(炎洲翡翠莫同遊. 金綷毛衣摠是愁)라고 하여, 역시 비취는 남쪽 지방에 산다고 했다.
107 (원주) 귀한 문채를 사랑하는 시인: 고악부古樂府(중국 옛날 악장)에 "객종원방래客從遠方來, 유아일단기遺我一端綺 … 문채쌍원앙文彩雙鴛鴦, 재위합환피裁爲合歡被"라 했다.
　　(보완) 고시 십구수 가운데 한 수인〈객종원방래客從遠方來〉에서 인용한 대목으로, "손님이 먼 곳에서 와서 비단 한 자락을 전해 주었다. … 한 쌍의 원앙 무늬로 함께 덮는 이불을 만들었다"는 뜻이다.

리까?

창고신은 비취와 원앙을 옥에 가둬 두고 다시 늙은 쥐더러

그 두 새는 바탕이 아름답고 성질이 순결하니 너같이 추악한 놈과 상관했
을 리가 만무하다. 어서 빨리 고백하여라.

했다. 그래서 늙은 쥐는 교청鵁鶄(오리의 일종)[108]과 비오리(鸂鶒)[109]를 끌어
대었다.

교청은 긴 다리, 긴 주둥이에 붉은 털갓을 쓰고 비명을 울리며 법
정에 나타나서 설레는 가슴을 조아리면서 공술한다.

저는 뾰족한 입술에 붉은 연지를 찍고 부드러운 털에 푸른 문채로 장식하
얐사외다. 그윽한 시내에 날이 따스하면 푸른 물결을 타고 짝을 부르오
며, 꽃다운 둑에 풀이 자라면 가는 비를 무릅쓰고 무리로 희롱하외다. 부
평浮萍 밑에 숨어 있는 고기를 엿보오며 이끼 속에 떠 있는 새우(蝦)를 주
어 먹사외다. 오곡五穀의 이름을 모르오니 일호一毫[110]의 참욕인들 있사
오리까?

그리고 비오리는 머리에 갓끈을 드리고 키(柁) 같은 꼬리를 흔들며

---

108 왜가릿과에 속한 철새.
109 오릿과의 물새.
110 饞慾. 먹을 것을 지나치게 탐하는 마음.

공술한다.

봄 강에 물결이 일고 저녁 개[111]에 밀물이 물러가면, 더운 연기를 헤치고 뜨락 잠기락 하오며 가벼운 거품을 타고 오락가락하외다. 날개는 나루의 꽃비에 젖으오며 울음은 어부의 달 노래를 화답하외다. 갈대밭, 여뀌(蓼) 언덕이 저의 세상이오니 담 구멍, 진흙탕을 어찌 엿보았사오리까?

창고신은 교청과 비오리를 가두어 두고 다시 쥐를 불러 엄중히 추궁했다. 그래서 늙은 쥐는 생각하기를

물새들이 의외로 강경하고 변명도 잘하니, 이것은 아마도 맑고 거세고 줄기찬 물 정기를 타고난 때문이다. 이번에는 부허한[112] 구름과 어두운 수풀에서 생장한 새들을 끌어댈 수밖에 없구나.

하고 난새(鸞)와 학鶴을 지적했다.

봉황과 명예를 다투고 선학과 지체를 같이하는 난새는, 창고신의 호출장을 받고 오색 복장에 구름수레를 타고 인간에 내려와서 법정에 들어 섰다. 봉의 거동이오 학의 걸음이라 정중한 어조로 공술한다.

저는 천상 선관[113]을 짝하옵고 인간 풍진을 멀리 떠났사외다. 아침이면 옥

---

111 '개'는 강이나 내에 바닷물이 드나드는 곳을 가리킨다.
112 浮虛한.
113 仙官인 듯. 선경仙境에서 벼슬살이를 하는 신선을 말한다.

수玉樹[114]의 꽃을 따먹고, 밤이면 요지(신선이 산다는 곳)의 달에서 졸으외다. 만물에는 귀천의 구별이 있고 세상에는 선악의 길이 다르외다. 일찍이 이름을 감추지 못하와 이와 같은 연루를 보게 되었사외다. 변명을 일삼지 않고 오직 반성할 따름이외다.

그다음 세상을 피하고 구름에 숨어서 흥망성쇠와 부귀영욕을 모르고 있던 학은, 흰 옷, 검은 치마에 붉은 갓을 쓰고 구름을 타고 법정에 내려와서 한숨을 세 번 쉬고 세상을 개탄하는 어조로 공술한다.

저는 청전靑田[115]에서 태생하와 백운白雲에 거주하외다. 달빛을 맞아 홀로 서며 매화를 찾아 한가히 춤추외다. 혹은 고산처사孤山處士[116]를 위해 손님 옴을 전갈했사오며, 혹은 요동성문遼東城門[117]에 앉아서 세상이 변함을 탄식했사외다. 높은 신선의 벗으로서 썩은 쥐의 구초에 오를 것을 어

---

114 경수瓊樹는 곧 옥과 같이 아름다운 나무. 곤륜산에 있는 나무로서 그 꽃을 난새가 먹는다고 한다.
115 (원주) 청전: 산 이름인데 지금 절강성 청전현 지방. 부구浮丘의《상학경相鶴經》에 "학이 청전에서 났다"고 했다.
116 (원주) 고산처사: 송나라 임포林浦가 서호西湖의 고산에 은거했는데, 배를 타고 서호에서 놀다가 학이 날아오면 반드시 손이 온 줄 알고 돌아왔다.
117 (원주) 요동성문:《속신기續神記》에 "옛날 요동성문에 화표주華表柱가 있는데, 홀연히 백학이 날아와서 모여서 시를 부르고 하늘로 올라갔다"고 했다. 그 시는 즉 "有鳥有鳥丁令威, 去家千歲令來歸. 城廓如故人民非. 何不令仙塚纍纍"이다.
    (보완 1) 화표주는 무덤 앞의 양쪽에 세우는 여덟 모로 깎은 한 쌍의 돌기둥을 말한다. 시 속에 나오는 정영위丁令威라는 인물은 요동 사람으로, 신선이 되었다가 학이 되어 요동에 돌아와서 화표주에 앉아 시를 지었다. 내용은 "새여, 새여, 정영위여, 집 떠난 지 천 년 만에 오늘에야 돌아왔네. 성곽은 의구한데 사람들이 아니로세. 어찌 신선 아니 배워 무덤이 총총하뇨"이다.
    (보완 2)《속신기》는《수신기搜神記》를 가리키는 듯하다.《수신기》는 중국 진晉나라의 역사가 간보干寶가 편찬한, 기이하고 신기한 인물고사를 기록한 설화집이다. 유귀요괴幽鬼妖怪, 인과응보因果應報, 기현상, 흉조, 도가선인道家善人, 점술 이야기 등을 담고 있다. 도연명이《수신후기搜神後記》를 썼는데, 여기에도 정영위 이야기가 담겨 있다.

찌 뜻했사오리까? 봉욕[118]이 자심하와 변명을 단념하외다.

창고신은 문초를 마치고 난새와 학을 후원 숲속에 잠간 머물러 있게 하고 신병으로 하여금 수호케 한 다음 늙은 쥐더러

난새와 학은 다 신선의 유로서 너 같은 토굴의 벌레와는 어떠한 기맥도 서로 통했을 리가 만무하다. 그런 거짓말을 치우고 어서 자백하라.

고 호령했다. 그래서 쥐는 봉황鳳凰과 공작孔雀을 끌어대었다. 봉황과 공작이 쥐의 범죄를 사촉했다는 말을 듣자 창고신은 곧 성을 내며 큰소리로

내가 너의 요망한 말을 곧이듣고 구름과 노을 속에서 숨어 있는 난새와 학을 공연히 잡아 와서 나의 어리석음을 보이고 나의 체면을 손상했거든, 하물며 신성한 새로 천추에 이름이 있는 봉황과 찬란한 문채로 만물에 으뜸가는 공작을 추악 막심한 범죄의 사촉자로 찍어 대려 하느냐? 무엄하기 그지없는 놈이로구나!

하고 공안상[119]을 치며 크게 꾸짖었다. 늙은 쥐는 문득 황송한 태도로 땅에 엎드려 머리를 조아리며 공손한 그러나 분명한 어조로 아뢴다.

---

118 逢辱. 욕된 일을 당함.
119 公案床. 재판관이 심리할 때 쓰는 큰 책상.

여쭈옵기 지극한 황송하오나, 기위 죽을 놈으로서 까닭 없는 거짓말을 올려서 나으리님의 꾸중을 일부러 듣사오리까? 봉황이 아무리 성덕聖德이 있는 새라고 세상에서 떠들고 있사오나 유명무실有名無實한 자로서는 봉황 같은 것이 더는 없사외다.

봉황이 만일 그렇게 어질다면, 이 세상에 매, 새매, 소리개, 독수리 같은 영악하고 탐욕스러운 새들이 꿩, 닭, 토끼, 노루, 기타 연약하고 유순한 짐승들을 부자 밥 먹듯이 항상 잡아먹고 주둥이에 비린 피가 마를 때 없으며, 산골짜기 수풀 사이에서 목숨을 끊으면서 마지막 부르짖는 비참한 소리가 들리지 않는 날이 없건만, 소위 260조류鳥類의 어른이라는 지위를 가지고 있는 봉황은 이런 사실을 도무지 모른 체하고 한마디 호령이라도 내어 금지하는 일이 없사외다.

구중궁궐에 들어앉은 임금의 얼굴을 보기보다도 더 어려운 봉황의 얼굴이란, 어두귀면魚頭鬼面[120]으로 생겼는지 사신우수蛇身牛首[121]로 생겼는지 누가 알 것이오리까? 수컷은 봉이요 암컷은 황으로 숨어서 밤낮 자웅이 서로 정답게 울고만 있다 하오니, 이는 제 계집 사나이만 알고 제 당류를 잊어버리는 가장 이기심이 많은 악조에 불과한 자외다.

이 늙은 것도 봉황과 대면한 적은 한 번도 없사옵고, 다만 전날 자야[122] 밤중에 울고 가는 기러기 편에 편지 한 장을 저에게 전하며, 지금 대열매(竹實)를 다 먹고 배가 고파서 견딜 수 없으니 창고 앞 오동나무[123] 아래에 옥

---

120 물고기 머리에 귀신 얼굴. 아주 흉하게 생긴 얼굴을 이르기도 한다.
121 몸뚱이는 뱀, 머리는 소. 태호복희씨太昊伏羲氏는 사신인수蛇身人首이고 염제신농씨炎帝神農氏는 인신우수人身牛首인데, 이를 합해 표현한 듯하다.
122 子夜인 듯하다. 자야는 자시 무렵의 한밤중을 가리킨다.
123 《시경》, 〈대아 생민지습生民之什〉, '권아卷阿'에 "오동나무 우거지니 봉황 울음소리가 들려오네"라는

백미 한 섬만 갖다 주면 저들 두 내외가 남몰래 날아가서 먹겠다고 간청하옵기에, 이 늙은 것이 의리상 혼자 배부르게 살 수 없사와 즉석에서 승낙했사외다.

이 약속을 실행하기 전에 체포되었사오나 봉황의 속맘인즉 이렇게 흉측하외다. 이것을 보고 저는 이름 밑에 실상이 적다는 것을 문득 깨달았사외다. 그리고 새 봉鳳 자가 범凡[124] 조鳥의 합성 자이므로, 옛날 사람도 봉을 영조靈鳥로 보지 않고 도리어 평범하고 무능한 '범조'로 인정했던 것이외다.

또 여쭈옵기 황송하오이다. 공작은 오색이 영롱한 새로서 세상 사람이 모두 귀중히 여기오나 그도 역시 허울만 화려하고 실상이 없사외다. 겉치레만 숭상하고 맘속이 거칠면 이는 세상을 속이는 행동이외다. 공작은 부인네나 어린아이들이 비단옷을 입고 찬란하게 차린 것을 보면 그만 질투심이 나서 달려들어 쪼으니, 이는 제 몸만 사랑하고 남을 사랑하는 덕성이 없는 놈이외다.

이전 어느 날 이 늙은 것이 창고의 벽 틈으로 내다본즉 공작 한 마리가 오색이 찬란한 꽁지를 펴 들고 춤을 추며 자랑하기에, 저도 저의 초라한 꼬리를 휘 흔들며 수천석꾼의 부자 생활을 노래했사외다. 그러니까 공작은 이 늙은 것의 꼬리를 복福꼬리로 인정하고 자기의 꽁지와 바꿔 가지가고 청했사외다. 그러나 저는 웃으면서 거절했사외다.

구절이 있듯이 봉황이 오동나무에 깃든다고 한다.

124 (원주) 진晉나라 여안呂安이 자기 친구 혜강嵇康을 멀리 찾아가니, 혜강은 마침 집에 있지 않고 그의 형님 혜희嵇喜가 나와 맞았으나 여안은 들어가지 않고 문 위에다 鳳 자 한 자를 써 놓고 가버렸다. 즉 혜희는 범조凡鳥니까 상대로 하지 아니한다는 의미이다.

(보완) 최익한은 해강, 해희로 표기했으나 '혜강, 혜희'로 고쳤다.

그 이유는 다름이 아니외다. 제가 만일 공작의 꽁지를 바꿔 가지면 비록 허울은 좋으나, 쓸데없을 뿐더러 당장 사람의 눈에 띄어 농籠 안의 신세가 되고 창고를 내 집으로 삼는 수천석꾼의 호화로운 생활은 수포로 화하고 말 것이기 때문이외다. 공작의 꽁지는 극히 할복한 꽁지옵고 저의 쥐꼬리는 극히 유복한 꼬리외다.[125] 공작이 꽁지를 서로 바꾸자고 하는 바람에 저는 더욱이 제가 유복하다는 생각을 가지고 자고자대自高自大[126] 했사외다. 그러므로 저의 범죄를 격려해 준 자는 공작이외다.

늙은 쥐는 이렇게 늘어놓았다. 창고신은 그의 장황한 변론에 그만 마취되어 문득 속으로 생각하기를

옳지! 세상에 도학군자로 이름이 높은 사람 중에는, 삼림과 강호에 깊이 숨어 앉았으나 백성과 국가에는 한 푼어치 혜택도 주지 못하고 명예와 지위만을 따먹는 자가 적지 아니하니, 이들은 필경 봉황과 같은 따위로구나!
또 선비 갓 선비 옷을 차려서 겉으로는 점잖고 행실이 놀라운 체하나, 실지로는 과부 집 담을 밤중에 넘어가거나 권세가의 문턱에 남몰래 무릎을 꿇는 자, 혹은 글을 배워서 붓으로는 화려한 문장을 자랑하나 속에는 한 치만 한 계획과 재능도 없을 뿐만이 아니라 저보다 나은 사람을 부질없이 시기 질투하는 무리가 많으니, 이들도 역시 공작의 따위로구나!

---

125 공작의 꼬리는 복을 쪼개는 할복割福, 쥐꼬리는 복이 넉넉한 유복裕福으로 대비한 듯하다.
126 스스로 잘난 체하며 교만함.

하고 신병을 보내어 부작[127]으로 봉황을 불러오고, 비단 그물로 공작을 잡아 오게 했다. 봉황은 학 같은 거동이요 난새 같은 풍채라 5음6율에 맞는 음조로 공술한다.

저는 단혈丹穴[128]의 출신이요, 사령의 일원이외다. 걸음은 법도에 맞고 울음은 음악에 합하외다. '소소簫韶의 소리를 듣고'[129] 순임금의 뜰에서 춤추었으며, '오동의 가지에 앉아서'[130] 주나라 세상에 울었사외다. 먹는 바는 대열매뿐이오며 깃들이는 곳은 가시나무가 아니외다. 아무리 주려도 곡식을 먹지 않거니 어찌 더럽게 벌레와 통하오리까? 구차히 살려고 하지 않사오니 대신 죽어도 사양하지 않으리다.

127　符作. 불가佛家나 도가道家에서 악귀나 잡귀를 쫓고 재앙을 물리치기 위해, 붉은 먹이나 주사朱砂로 글자 모양을 그려 붙인 종이. 부적符籍, 신부神符라고도 한다.

128　(원주) 단혈:《산해경山海經》에 "丹穴之山, 有鳥 狀如鶴, 五色而文, 見則天下安寧"라고 나온다.
　　(보완) "단혈이라는 산에 새가 있어 모양은 학 같고 오색 무늬가 있다. 이 새가 나타나면 세상이 편안해진다"라는 뜻이다. 그러나 《산해경》 원본과는 차이가 있다. 국내 번역된 《산해경》 판본에서 관련 내용을 찾아보면 다음과 같다.《산해경전소山海經箋疏》,〈산해경1: 남산경南山經〉"又東五百里, 曰丹穴之山, 其上多金玉, 丹水出焉, 而南流注于渤海. 有鳥焉, 其狀如雞, 五采而文, 名曰鳳皇, 首文曰德, 翼文曰義, 背文曰禮, 膺文曰仁, 腹文曰信. 是鳥也, 飲食自然, 自歌自舞, 見則天下安寧"은, "또 동쪽으로 50리를 가면 단혈산丹穴山이 있다. 산 위에는 황금과 옥이 많다. 단수丹水가 이 산에서 나와 남으로 흘러 발해渤海로 들어간다. 새가 있다. 그 새의 모양은 닭과 같으며, 오색의 무늬가 있는 것을 가졌다. 이것을 봉황이라 이름한다. 머리의 무늬는 덕을 나타내고 날개의 무늬는 의義를 나타내며, 등의 무늬는 예禮를 나타내고 가슴의 무늬는 인仁을 나타내며, 배의 무늬는 신信을 나타낸다. 이 새는 물을 마시거나 먹이를 먹거나 하는 데에 수고를 하지 않으며, 스스로 노래하고 춤을 춘다. 이것이 나타나면 천하는 안태安泰해진다"라는 뜻이다[박일봉 편역, 《산해경》, 육문사, 1995, 68∼69쪽; 학의행, 《산해경전소》(곽박郭璞 전, 《산해경》 주석서)]. 원주는 최익한이 기억에 의존해 정리한 듯하다.

129　(원주) 소소의 소리를 듣고: 순임금이 소소란 음악을 하니 봉황이 와서 춤추었다고 한다.

130　(원주) 오동의 가지에 앉아서: 주나라 성왕成王 때에 천하가 크게 다스려져서 봉황이 뜰에 와 춤추니 성왕이 이에 거문고를 타고 노래했다. 또 《시경》, '권아'에 "鳳凰鳴矣, 于彼高岡. 梧桐生矣, 于彼朝陽"라고 했다.
　　(보완) 인용된 대목은 "봉황이 우니 저 높은 언덕에서 우는구나. 오동나무가 자라니 저 아침 해가 뜨는 (朝陽) 동산에서 자라는구나"라는 뜻이다.

그다음 공작은 광채 찬란한 꽁지를 부채처럼 펴들고 제 그림자를 가끔 돌아보며 긍지감을 상당히 가지고 공술한다.

저는 남주南州 출신이오, 인간 진품珍品이외다. 성姓은 공자孔子와 같사 옵고 이름은 청작靑雀을 취했사외다. 그림자를 돌아보고 스스로 자랑하 오며 문채를 사랑해 깊이 숨어 있사외다. 날개는 서운瑞雲을 떨치오며 입 에는 구실꽃(琪花)[131]을 머금사외다. 신선의 동산에서 노니오며 세속의 무 리와 떠나 있사외다. 구름과 진흙탕이 판이하거니 옥과 돌이 어찌 섞이오 리까?

창고신은 봉황과 공작을 잠간 난새와 학을 둔 곳에 함께 머무르게 두고 늙은 쥐더러

봉황과 공작은 조류의 영이한 자들이니 너와 공모할 리가 없다. 너를 사촉 한 자가 과연 누구냐.

하고 물었다. 그래서 쥐는 이 육지에 없는 대붕새(鵬)와 고래(鯨)를 끌어 대면서

대붕새는 본디 허무맹랑한 지극히 큰 괴물로서, 거짓말은 장주에게[132] 배

---

131 구슬꽃. 선경에 있다는 아름답고 고운 꽃.
132 (원주) 장주에게: 장주는 저서《장자》,〈소요편逍遙篇〉에서 "북쪽 바다에 곤鯤이란 고기가 있었는데 그 크기가 몇 천 리인지 알 수 없었다. 그것이 화해서 대붕새가 되었으니 그 등어리가 또한 몇 천 리인

윘으며 괴상한 행동은 세상 사람을 속이외다. 그가 북쪽 바다에서 남쪽 바다로 옮아갈 때에 몸을 나솟으면[133] 물결은 3000리를 움직이며 그 등어리의 넓이는 몇 천 리나 되는지 알 수 없다 하옵기에, 이 늙은 것이 그의 바람에 넘어가서 한동안 생각하기를 '나도 이 크나큰 나라 창고를 그의 넓은 등어리에 떠싣고[134] 인간을 떠나 호호탕탕한 남쪽 바다에 옮아앉아서 아무런 근심도 없이 살아 보겠다'고 했사외다. 이것을 보면 지극히 옹졸한 미물로서 갑자기 커다란 망상을 갖게 된 것은 주로 대붕새의 영향을 받은 때문이외다.

그리고 고래로 말쌈하오면 해족海族의 거물로서 수천 동이의 물을 한숨에 마시고 수천 마리의 고기를 한꺼번에 삼키옵기에, 이 늙은 미물도 그를 흠모하와 이 수만 석이 쌓인 나라 창고를 한입에 들어 먹겠다고 결심했사외다. 이것을 보면 이 지극히 작은 짐승의 배짱이 갑자기 커진 것은 결국 고래의 탐욕을 배웠던 때문이외다.

이와 같은 늙은 쥐의 진술에 창고신은 깜짝 놀라며

세상에 어디 이런 허풍쟁이와 욕심통들이 있나! 이는 세상을 교화하는 데 가장 유해한 물건들이로구나!

지 알 수 없다. 성내서 날면 그 날개가 하늘에 드리운 구름과 같다. 그가 남쪽 바다로 옮아갈 때에 물결이 3000리나 쳐지었다"고 했다. 이것은 장주의 우화다.

133 '날솟다'의 옛말. 나는 것처럼 매우 빠르게 솟아오르다.

134 떠싣다: 억지로 맡기다.

하고 당장에 신병 수천 명을 두 패로 파견했다. 한 패는 남해에 가서 수십만 발이나 되는 쇠사슬로 든 그물을 펴서 대붕새를 잡으려 하니, 대붕새는 성이 나서 두 날개를 펼치는 바람에 쇠사슬 그물의 한복판이 썩은 새끼처럼 터지고 말았다. 그래서 신장과 신병들은 가을바람에 낙엽이 나붓기어 흩어지듯 하여 모두 빈 손을 부비고 돌아와서 현장의 광경을 보고했다.

창고신은 자기 힘으로서는 대붕새를 잡을 수 없는 것을 깨닫고 남해신인 광리왕廣利王[135]에게 통첩을 전해 대붕새를 잘 훈계한 다음 법정으로 호송할 것을 의뢰했다. 통첩을 받은 광리왕은 다음과 같이 화답했다.

남해 광리는 돈수재배頓首再拜[136]하노이다. 옥사의 연루가 수국에까지 미쳤으니, 한 방면을 지키는 신하로서 직책에 태만했음을 스스로 사과하노이다. 족하足下는 상제의 직권을 대행하는 법관이시므로 명령하시는 바를 삼가 거행하지 아니할 수 없소이다. 그러나 실지 형편으로서는 거행할 수 없는 난관들이 있소이다. 나의 부하 대붕새는 천지간 제일 큰 생물이므로, 적어도 삼조팔억三兆八億의 신병이 들어야만 압송할 수 있으며 주위 9000리나 되는 뜨락이 있어야만 그를 들어앉히고 심문을 할 수 있으니, 인간의 기구로서는 도저히 할 수 없소이다. 만일 심문을 실행하시려면 법관이 직접 현장에 오셔서 수고하시기를 간절히 바라노이다.

---

135 남해 해신海神. 당나라 현종은 해신을 왕에 봉했는데, 동해신은 광덕왕廣德王, 남해신은 광리왕, 서해신은 광윤왕廣潤王, 북해신은 광택왕廣澤王에 봉했다고 한다.
136 머리가 땅에 닿도록 두 번 절함. 경의를 표하는 뜻으로 편지 머리나 끝에 쓰는 말이다.

이상과 같은 광리왕의 회답을 받고 창고신은 부득이 남해를 향해 출발했다. 수백 명의 형방刑房 아전과 수천 명의 신장을 거느리고, 바람 수레를 구름말에 매워 타고 기치 창검을 전후좌우에 벌려 세우고 나갔다. 남해 어느 큰 무인도에 법정을 차리고 대붕새를 심문했다.

　　아무쪼록 공손히 심문을 받고 점잖이 답변하라는 광리왕의 지시를 받은 대붕새는, 날개를 부채처럼 접고 전신을 바다 물속에 거의 다 잠그고 입만 물 밖에 내어놓은 것이 오히려 제주도보다 더 컸다. 입을 벌리고 말을 하니 입거품은 눈더미처럼 하늘에 날고 소리는 오뉴월 천둥소리다.

　　저는 높기로는 비록 인간에게 양보하오나 크기로는 마땅히 만물에 으뜸가외다. 하늘과 땅으로 집을 삼으오면 바다와 바람으로 목숨을 하외다. 등어리는 몇 천 리의 거리인지 모르오며 날개는 구만 리 장천에 펼치외다. 전생은 북해 곤어(鯤)[137]오며, 지기知己(자기를 잘 알아주는 벗)는 남화진인 南華眞人[138]이외다. 일찍이 척안斥鷃[139]의 웃음을 받았더니 이제 곰쥐의 모욕을 당했사외다. 눈을 부릅뜨고도 보이지 않는 조그마한 벌레가 땅 구멍에서 어찌 하늘과 통하오리까?

137　'곤이'를 잘못 쓴 듯하다. 곤鯤 자 속에 곤이鯤鮞라는 뜻이 들어 있다.
138　(원주) 남화진인: 당나라 사람들이 장주를 '남화진인'이라고 명칭하고, 따라서 《장자》를 《남화경南華經》이라고 불렀었다.
139　(원주) 척안: 우에 말한 《장자》의 〈소요편〉에서 "대붕새가 북해에서 남해로 옮겨 가려고 할 때에 바람을 재어 9만 리를 바로 올라 떠서 한참 배회한 다음에 남해로 날아 향하니, 척안이라는 작은 새가 그것을 보고 웃으며 하는 말이 "나는 대붕새처럼 굼뜨지 않고 대번에 팔짝 뛰어오르겠다" 하니 불과 두어 길을 뛰어오르자 곧 땅에 내려 박히고 말았다"고 했다.

창고신은 대붕새의 공술을 듣고 난 다음 옥사가 결말될 때까지 감시 책임을 광리왕에게 맡기고, 돌아오는 길에 잠간 동해에 들러서 고래를 마저 심문했다. 고래는 열두 간 기와집만 한 큰 등어리를 물 위에 나타내며 입으로 내뿜는 물줄기를 바로 하늘을 향해 기둥처럼 뻗쳤다. 만경창파에 이와 같이 뛰놀며 있던 판에 뜻밖에 수십 리나 펼쳐진 구리쇠 그물의 후리[140]에 걸려서 항구로 나오게 되었다. 그는 노기발발해 몸짓을 하고 물탕을 치니 기세는 마치 폭풍우 같았다. 그는 그야말로 고래고래 엉패를 부리며[141] 공술한다.

기운은 높은 창공을 찌르오며 입은 온 바다를 들여 마시외다. 갈기는 푸른 하늘을 가리우니 강태공의 낚시질을 두려워하지 않았사오며, 꼬리는 밝은 달을 건드리니 '이태백의 등선登仙'[142]을 허락했사외다. 위엄은 상어(鮫)와 악어의 소굴을 압도하오며, 이름은 범과 코끼리의 무리에까지 떨치외다. 음식은 거량을 취하오나 욕심은 한도가 있사외다. 물과 뭍(陸)이 지경을 달리했거니 맑고 탁한 것이 저절로 구별되외다.

고래의 공술이 끝난 다음에 창고신은 특별히 한 항구를 지정해 그 안에 고래를 넣어 봉쇄하고, 신병 수백 명으로 하여금 독한 화살과 긴

---

140 강이나 바다에 넓게 둘러친 후에 그물 양쪽에서 여러 사람이 끌줄을 잡아당겨 물고기를 잡는 큰 그물.
141 최익한은 《여유당전서를 독합》이라는 글에서 "호랑이 엉패를 치다"는 말을 썼는데, 여기서도 '호랑이처럼 고함지른다'는 뜻으로 사용한 듯하다(최익한 지음, 송찬섭 엮음, 《여유당전서를 독합》, 서해문집, 2016, 57쪽).
142 (원주) 이태백의 등선: 이태백이 채석강采石江에서 놀다가 취중에 물속의 달을 붙잡으러 들어가서 죽었다고 하는데, 두보는 시에서 "이태백이 고래를 타고 하늘로 날아올라 갔다"(李白騎鯨飛上天)라고 했다.

창들을 가지고 파수하게 했다.

　창고신은 법정에 돌아와서 늙은 쥐를 불러 놓고

　대붕새와 고래는 다 바다에서 사는 거물들로서 너와 상관이 없는 것은 마치 두루미와 지렁이의 구별과 같으니, 너를 사촉한 자는 따로 있다. 어서 고백하라.

고 족쳤다.

사촉자들

:

벌에서

게까지

이에 늙은 쥐는 대가리를 옹구리고 곰곰이 생각한다.

땅에 기어 다니는 짐승들은 원래 완악하고 미련스러운 놈들이니 어데까
지나 버티고 굴복하지 아니할 것이지마는, 공중에 날아다니고 물에 떠 있
는 놈들도 뱃심 좋게 변명을 꾸준히 하고 있으니 참 기찰 일이로다. 날짐
승, 길짐승이 수백 종이나 되니 그중에 연약하고 비겁한 놈이 어찌 없으랴
만 대체로 모두 교묘한 언사를 늘어놓아 제 발뺌을 훌륭히들 하니, 이는
그들의 지혜와 구변이 모두 나보다 말할 수 없을 만큼 우월한 것이다.
나는 참으로 용렬하구나! 내가 애초에 자기 죄를 솔직히 자백하지 않고
이랠가 저랠가 알쏭달쏭하게 공술한 것은 그야말로 '수서양단首鼠兩端'[1]
이다. 이것은 우리 조상 전래하는 특별한 가풍인데, 이 불초不肖한 내게
이르러 수단이 옹졸해 집안의 명예를 추락하게 하고 패가망신의 지경에

---

[1] '쥐구멍에서 머리만 내밀고 좌우를 살펴보는 쥐'라는 뜻으로, 우물쭈물하여 결단을 내리지 못하는 모
습을 가리킨다.

빠졌으니 참으로 원통할 일이 아닌가? 그러나 일이 이미 이 지경에 이른 이상에 후회한들 쓸데가 없구나. 지금부터는 지극히 작고 어리석고 창자도 없고 뱃심도 없는 미물들을 끌어대어서 내 말을 증명하지 아니하면 가장 참혹한 형벌을 면할 수 없을 것이다.

늙은 쥐는 이렇게 생각하고 다시 머리를 들어 법관을 바라보면서 가장 억울하고 진실한 어조로 고백한다.

여쭙기 극히 황송하오나 법관의 앞에서 어찌 뱃속에 있는 대로 토하지 아니하오리까? 이 늙은 것이 여지껏 사뢰온 바 날짐승, 길짐승의 무리가 모두 바르지 못하고 간사한 정기를 타고난 것들이외다. 죄를 범하지 아니했으면 모르되 기위 범한 이상에야 벌을 받고 죽는 것은 당연한 일이어늘, 그들은 법관의 존엄성을 업신여기어 감히 사실을 숨기며 구변을 교묘히 놀려서 범죄를 하고도 아니했다고 하며 말을 하고도 말하지 아니했다고 하니, 그들의 솔직하지 못한 죄상이란 실상 이 늙은 것에 비하면 몇 배나 더 심하외다. 작으나 크나 사촉한 놈들을 조금도 숨기지 않고 저저이[2] 고백하오리다.

하고 드디어 벌(蜂)과 매미(蟬)를 끌어대었다. 그래서 창고신은 나졸에게 명령해 코가 빽빽한 그물로 벌과 매미를 잡아 대령케 했다.
바람은 잠잠하고 햇빛은 쨍쨍한 산기슭, 꽃 사이에서 벌 떼는 오락

---

2   這這이. 있는 사실대로 낱낱이 모두.

가락, 가마솥에 물이 끓어 오르는 듯한 소리를 하면서 향기로운 화분을 따는 판이었다. 돌연히 그물에 걸려서 법정에 나타나서 잿빛 날개를 펼치고 꼬리 침을 빼어 들고 '봉기蜂起'의 기세를 보이며 공술한다.

저희는 산곡 중에서 생장하와 바위 틈과 나무 옹다리³에 집을 짓고, 봄철에 꽃이 피면 화분을 따서 양식을 만드외다. 무리는 여왕을 받들며 한 마리도 놀고먹지 아니하외다. 꿀은 사람에게 빼앗기되 항상 주림을 원망하지 아니하외다. 동분서주하오며 혹좌혹우하외다. 단체는 군대의 규율을 지키오며 직업은 노동의 질서를 어기지 않사외다. 엄숙한 의리를 생명으로 하오니 어찌 도적의 꾀를 도우리까?

그다음 무르녹은 그늘에 앉아서 서늘한 강바람을 맞이하며 긴소리를 빼고 있던 매미는 돌연히 범죄자로 잡혀 와서 가벼운 날개를 움직이며 처량한 소리로 공술한다.

저는 전신前身이 비록 흙 속에 있었으나 현재는 항상 높은 나무에 깃들이외다. 가슴은 자연의 음악을 간직했사오며 날개는 엷은 비단으로 마련했사외다. 가을 기운이 돌면 맑은 이슬을 마시고 끼니를 이으며, 나무 그늘이 짙으면 긴 가지를 안고 노래를 흘리외다. 도를 배워서 우객羽客(신선)으로 화했사오며, 뜻을 품고 진세塵世를 떠났사외다. 내 울음을 울었거니 남의 말을 참견하오리까?

---

3   옹당이. 옴폭 패어 물이 괴어 있는 곳.

창고신은 벌과 매미를 옥에 넣고 다시 쥐더러

벌과 매미는 모두 제 일을 제가 했고 제 소리를 제가 했으니, 너에게 무슨 상관이 있었겠니? 어서 바루 대어라.

하고 을렀다. 그래서 늙은 쥐는 거미(蜘蛛)와 범아자비(螳螂)[4]를 친절한 사촉자로 대었다.

여름 저녁 옛 궁전 모퉁이에서 굵은 거미는 고목나무 가지와 누다락[5] 뿌다귀[6]의 사이를 가장 좋은 터전으로 잡고, 뱃속에 가득 찬 비단실을 토해 한 장 그물을 만들어 높이 걸어 놓고 날파리, 뱁새, 매미, 왕모기 등 수십 종의 날벌레를 잡아 얽매 놓고 있었다. 그러는 무렵에 나졸들은 갑자기 나타나면서 '자승자박' 식으로 거미줄로 거미의 발들을 비끄러 매어서 법정 섬돌 아래에다가 내려놓았다.

창고신은 거미를 보고 문득 성을 내며 꾸짖는다.

너는 조그마한 미물로서 세 치의 풀뿌리나 한 포기의 나물 잎이면 1년 양식이 넉넉히 될 것이어늘, 망령되이 실을 뽑고 그물을 만들어 가난한 선비 집 문간에나 혹은 옛날 궁전의 처마에다가 이리저리 걸어 두고 연약한 날짐승이란 모조리 잡아먹으니 무엄하기 짝이 없는 놈이로다. 옛날 복희씨가 백성에게 그물 뜨는 법을 가르쳐서 고기를 잡아먹게 했는데, 너 같

4 　버마재비. 사마귀를 가리킨다.
5 　다락집의 위층.
6 　'뿌다구니'의 준말. 물체의 삐죽하게 내민 부분.

은 미물이 어찌 성인의 지혜를 본뜨고 백성의 직업을 도적하나뇨? 또 고기 잡는 어부들도 코가 **빽빽한** 그물은 사용하지 아니하거늘, 너는 하루살이 같은 미물도 남김없이 잡아먹으니 잔인하고 참욕스럽기가 비할 데 없는 놈이로구나! 너는 나라 창고 문간을 감히 더러운 그물로 봉쇄해 창고지기의 출입을 방해하고 늙은 쥐의 죄행을 은닉했으니, 나라 창고의 곡식을 탕진한 수범은 과연 네가 아니고 누구겠나뇨? 이미 늙은 쥐가 저저이 고백했으니 썩 바삐 자복하렷다. 만일 조금이라도 주저하면 능지처참하리라.

벼락 같은 호통에 거미는 땅에 엎드려 네 다리를 마디마디 발발 떨며 독한 이빨을 금물고[7] 아무 대답도 못하다가, 문득 정신을 차려서 떳떳이 공술한다.

여쭙기 황송하오나 옛날 성인이 글자를 만드실 때에 저를 지각이 있는 벌레로 이름했사오며(蜘[8] 자를 가리킨 것), 세상 사람은 저의 실을 보면 기쁜 일이 있을 징조로 인정하외다. 한 면으로만 그물 치는 것은 탕湯[9]임금도 아름다이 여겼으며, 지팽이로 찢어 버린 것은 종남산인終南山人[10]의

---

7 꼭 물다는 뜻의 북한말, 감물다인 듯하다.
8 거미 지蜘는 벌레 충虫 자 옆에 알 지知 자로 이루어졌다.
9 (원주) 탕임금: 중국 고대 은나라 임금 탕이 밖에 나가서 본즉, 사냥하는 사람이 그물을 사면에 벌여 놓고 빌기를 '상하좌우 모든 짐승은 다 내 그물로 들어오라'고 하거늘, 탕은 수레에서 내려서 그 그물이 삼면은 걷어 버리고 일면만으로 남겨 두며 빌어 가로대 "옛날 거미가 그물을 만들었는데 지금 사람들이 이것을 배웠다. 모든 짐승은 왼편으로 가려면 왼편으로 가고 오른편으로 가려면 오른편으로 가고 높이 날려면 높이 날고 낮게 날려면 낮게 날아서 모두 살아가고, 다만 내 말을 듣지 않는 놈만이 이 그물에 들어오라"고 했다.
10 (원주) 종남산인: 옛날 중국 왕수일王守一은 '종남산인'이라고 자칭하고 낙양 저자에서 약을 팔아 생

망패한 버릇이외다. 행랑에 그늘지고 울타리에 비 개면 100척이나 되는 긴 실을 토해 한 폭의 둥그런 그물을 맺었사외다. 다만 한 덩어리 밥을 구했사옵고 온갖 벌레를 다 잡으려는 계책은 아니외다. 사람을 해친 일은 한 번도 하지 아니했사오니 어찌 나라 창고를 감히 엿보았으리까?

그다음 범아자비를 보고 창고신 역시 성을 내며 꾸짖는다.

너는 세모난 대가리에 두드러진 눈딱지[11]가 아주 도적놈의 모습으로 생겼구나. 뱃대기가 그처럼 비대하니 탐욕이 많은 것은 당연하며, 가슴과 모가지가 구별이 없으니 목통이 커서 남의 것을 한꺼번에 들어 삼키기를 좋아할 것이며, 앞 다구리[12]가 깔딱낫(鎌)[13]처럼 되고 게다가 톱날이 돋았으니 남을 상해하기가 일쑤라. 생김생김이 저 모양이니 간사한 쥐를 도와 나라 창고를 좀먹지 아니했으랴?

가을철이 되면 뽕나무 가지에 알을 쓸고 창고 안에 뛰어 들어와서 해산 후 발바지[14]를 늙은 쥐에게 부탁하고, 삼칠일 동안 나라에 진상할 옥백미 석 섬을 네가 다 먹어 치웠다지. 늙은 쥐가 이미 죄다 고백했으니 조금도 숨기지 말고 솔직히 자복해 관대한 처분을 받아야만 한다.

활했다. 항상 지팡이를 짚고 다니며 거미줄만 보면 반드시 지팡이로 찢고 걷어 버렸다. 남들이 그 이유를 물은즉 대답하기를, "천지간 모든 금수가 다 제 배를 채우기 위해 몸소 서로 추격하고 싸우고 죽이고 하는데, 오직 거미는 그물을 맺어 걸어 놓고 기교로 여러 생명을 살해해 홀로 배부르게 먹으니 나는 이것을 미워해 거미 그물만 보면 반드시 없애 버리기로 했노라" 했다(《승비록勝非錄》).

11 보기에 험상궂고 흉한 눈을 뜻함. 눈꺼풀을 낮잡거나 달리 이르는 말. 방언으로 '눈두덩'을 가리키기도 함.
12 다리의 뜻으로 쓴 듯하다.
13 깔딱낫. 보잘 것 없는 헌 낫.
14 바라지. 음식이나 옷을 대어 주거나 온갖 일을 돌보아 주는 일.

또 너는 제 깜냥을 모르고 만용蠻勇을 부리기로 유명한 놈이다. 너는 바늘대 같은 팔뚝을 '도끼(斧) 삼아 쓰며 수레바퀴를 거역'[15]하려고 팔을 걷고 달려들었다지. 너 같은 놈은 그대로 두면 못된 무리와 어울려서 장차 역적질이라도 할 놈이로다!

이 준엄한 꾸지람을 들은 범아자비는 팔을 들어 이마에 대고 임배곰배[16] 절을 하고 살려 달라고 애걸하며 공술한다.

저는 본대 초야에 생장하와 성도 이름도 없는 미물이외다. 장주는 어리석은 사람을 풍자하기 위해 저에게 말똥구리(蜣螂)와 같이 수레바퀴를 항거한다는 욕설을 퍼부었사오며, 농부는 철없는 아이들의 말을 곧이듣고 고양이 별명을 저에게 옮겨서 범아자비라는 턱없는 이름을 붙였사외다.
기어 가다가는 때때로 양반 행차의 길바닥에서 깔려 죽기도 하옵고, 날다가는 혹시 청루 미인의 주렴에 부딪혀 떨어지기도 하외다. 거주가 일정치 못한 탓으로 안 들을 말도 가끔 듣사오나, 깊은 토굴에 숨어 있는 늙은 쥐와는 평생에 한 번도 대면한 적이 없사오니 어찌 그의 죄행을 사촉했사오리까? 늙고 간사한 놈이 이 어리석은 것의 사촉을 받았다는 것은 그야말로 먼지도 아니 묻은 거짓말이외다.

---

15 (원주) 도끼 삼아 쓰며 수레바퀴를 거역: 동한 사람 진림陳琳의 글에 "이당랑지부以螳螂之斧 어융거지수御隆車之隧"라 했으니, 범아자비가 앞발을 도끼처럼 들고 큰 수레바퀴를 막으려 한다는 말이다. 또 《장자》에 "汝不知夫螳螂乎. 怒其臂以當車轍"이라 했으니, 범아자비가 수레바퀴가 굴러오는 것을 보고 성이 나서 앞발로 맞받는다는 말인데 제 힘이 약한 줄을 모르고 강한 적을 대항하는 것을 풍자한 것이다. 여기서 '당랑거철螳螂拒轍'이라는 속담이 생겼다.
16 '곰비임비'의 방언인데 순서를 바꾸어 썼다. 물건이 거듭 쌓이거나 일이 계속 일어남을 나타내는 말이다.

창고신은 거미와 범아자비를 옥에 가두어 두고 다시 쥐더러

거미와 범아자비는 그들의 초사를 듣건대 모두 원통하게 되었다. 어서 사촉자를 고백하여라.

했다. 그래서 늙은 쥐는 하루살이(蜉蝣)와 잠자리(蜻蜓)를 끌어대었다.

여름과 가을이 바뀌는 철 어느 날이었다. 해는 서산에 떨어지고 저녁 연기는 개천가에 흩어졌는데, 수천수만 마리의 하루살이가 한 단체가 되어 공중에 떠서 서로 붙들고 도리춤[17]을 추며 '천 년을 살거나 만년을 살거나' 하는 노래를 부르고 즐기는 판이었다.

갑자기 나졸들이 나타나서 키짝[18]만한 큰 부채로 부쳐서 하루살이 떼를 중의 배낭 같은 가죽 푸대 속에 몰아넣어서 법정 뜰 가운데다가 내려놓았다. 하루살이들은 혼비백산하고 기진맥진할 지경이었다. 그 중 똑똑한 한 마리가 저의 무리를 대표해 나서서, 한 치도 못되는 몸뚱이에 네 날개를 펴고 가는 실 같은 꽁지를 흔들며 겨우 숨이 붙은 목소리로 공술한다.

저희는 가장 미약한 벌레로서 세상에 떠서 살고 있사외다. 모였다가 흩어지오며 있는 듯 없는 듯하외다. 뜨거운 볕이 나면 개천 구덩이에 몰려서

---

17 '도리'는 '머리를 좌우로 흔들어 싫다거나 아니라는 뜻을 표시하는 짓'이라는 뜻이다. 도리춤은 머리를 좌우로 흔드는 것을 춤으로 표현한 것으로 보인다.
18 키의 방언. '키'는 곡식 따위를 까불러 골라내는 그릇.

우물우물하오며, 서늘한 그늘이 지면 젖은 연기에 섞이어 어룽어룽[19]하외다. 얼굴이 희미하고 기운도 약하오며 아침에 났다가 저녁에 죽사외다. 인생이 짧은 것을 한탄하오며 만사가 귀치 않은 것을 깨달았사외다. 아침에서 저녁을 모르는 미물이 어찌 재물의 욕심을 가졌사오리까? 이 잔약한 가슴에 원한을 품지 말게 하옵소서.

그다음 잠자리는 붉은 고깔을 쓰고 매미 날개를 펴고 저녁볕을 등지고 비 갠 방축에서 꽃을 더듬는 나비와 벌의 뒤를 따라 오락가락하며 태평세월을 만난 듯이 날치고 있었다.

갑자기 나졸들의 그물에 걸리어 법정에 나타나게 되었다. 몹시 겁난 한편 분하기도 하여 눈을 뚝 부릅뜨고 공술한다.

저는 눈동자가 커서 소견이 넓으오며 뱃집이 가늘어서 욕심이 적사외다. 수풀 언덕 석양에는 초동樵童의 지게에 앉으며, 이끼 돌(苔石) 가랑비에는 어부의 낚싯대에 서기도 하외다. 잠간 메밀꽃 가에 어른거리다가 문득 무우 잎사귀 우에서 노니외다. '물을 점찍으매'[20] 시인은 보고 읊으며, 뜨락을 지나면 아이들은 달아와서[21] 희롱하외다. 한 번도 입을 열어 보지 아니했거니 어찌 말밥[22]에 싸이오리까?

---

19 뚜렷하지 아니하고 흐리게 어른거리는 모양.
20 (원주) 물을 점찍으매: 두보 시에 "點水蜻蜓款款飛"라고 나온다.
    (보완) 두보의 시 〈곡강曲江〉의 한 구이며, "물을 점찍으매 잠자리 조곤조곤 나는구나"라는 뜻이다.
21 달려오다
22 좋지 못한 이야기의 대상.

창고신은 하루살이와 잠자리의 문초를 마친 다음, 하루살이가 재판이 끝날 때까지 살아 있지 못하면 증거가 인멸되어 재판에 지장이 생길 것을 우려해, 신병으로 하여금 하루살이를 사납게 다루지 말고 별빛이 안 보이는 개천가, 그늘진 곳에 갖다 두고 한두 달 생명을 연장할 수 있는 불사약不死藥을 구해 먹이게 했다. 그래서 이번에 잡혀 온 하루살이는 전화위복으로 되었다. 사람으로 말하면 삼천갑자를 살았다는 동방삭東方朔이보다 몇 곱이나 더하게 하루살이는 수명 장생하는 셈이 되었다. 그리고 잠자리도 역시 연약한 짐승이기 때문에 창고신은 후원 채마전菜麻田[23]에다가 그물을 치고 그 안에 가두어 두었다.

창고신은 다시 쥐더러

하루살이와 잠자리는 그들의 답변을 듣건대 죄상이 나타나지 않을 뿐더러 설혹 죄를 지었다 한들 그 따위가 무슨 큰 죄를 지었겠니? 어서 그럴듯한 놈을 고백해라.

했다. 그래서 늙은 쥐는 다시 생각했다.

내가 아까 찍어 댄 벌, 매미, 거미, 범아자비, 하루살이, 잠자리 등속은 평일에 사람과 긴밀한 관계가 없는 것만큼 별반 미움 받지 아니한 벌레들이므로 변명이 잘 서는 모양이다. 그러니까 이번에는 특별히 사람의 미움을 받는 짐승들로서, 공연히 앵앵거리기만 하고 말은 똑똑히 하지 못하는 미

---

23 채소를 심어 놓은 밭.

물들을 골라서 끌어댈 수밖에 없다.

하고 파리(蠅)와 모기(蚊)를 불어 대었다. 법관은 파리와 모기가 사촉자라는 말을 듣자 눈과 귀가 번쩍 뜨이는 것이었다. 당장에 그놈들을 잡아다 놓고 문책한다.

준절한 법관의 호령을 들은 파리는 황송무지한 태도로 대가리를 돌방²⁴거리고 두 발을 부비며 공술한다.

지극히 황송하와 여쭐 바를 모르외다. 저희는 체신이 비록 작사오나 타고 난 식욕이 과다하와, 음식 냄새를 맡으면 그만 오장이 곤두박질을 하옵고 불인지 물인지를 모르게 되외다. 술이 술을 먹는다는 주객의 속담과 같이 저희는 먹으면 먹을수록 더 먹고 싶으외다. 불 본 나비와 사람 무는 개와 같이 죽을 줄을 번연히 알면서도 타고난 버릇이라 어찌할 수 없사외다. 지금까지 목숨을 부지한 것도 아닌 게 아니라(莫非) 사람의 은덕이외다. 혹은 '천리마千里馬의 꼬리에'²⁵ 붙기도 하옵고 혹은 '고시인古詩人의 풍자를'²⁶ 받기도 했사외다.

관가의 식탁은 더럽혔을 망정 나라의 창고야 어찌 엿보았사오리까? 만 번

---

24 '돌방'에는 동그랗다는 뜻이 있다.
25 (원주) 천리마의 꼬리에: 동한 광무光武 황제皇帝가 외효隗囂에게 준 서한에 "파리가 열 걸음밖에 날지 못하나, 잘 가는 말의 꼬리에 붙으면 천 리를 갈 수 있다"고 했다.
26 (원주) 고시인의 풍자를:《시경》, '청승'에 "營營青蠅 止於樊. 豈弟君子, 無信讒言. …"이라고 했다. 이 시는 주나라 유왕幽王이 소인의 참소를 믿고 나라 정사를 어지럽히는 것을 풍자한 것인데, 앵앵하는 파리 소리를 소인이 참소하는 말에 비유한 것이다.
   (보완)《시경》,〈소아 상호지십桑扈之什〉의 '청승青蠅'이라는 시이며, "앵앵거리는 쉬파리가 울타리에 멈추었네. 화락한 군자여 참소하는 말 믿지 마소서"라는 내용을 담았다.

죽어도 여한이 없사오나 한마디 실정은 밝히지 않을 수가 없사외다.

그다음 창고신은 모기를 보자 화가 벌컥 치밀어서 금방 손바닥으로 때려 죽일 듯이 달려들면서 호령을 한다. 재판관의 호령 바람에 모기는 다리와 날개를 한꺼번에 발발 떨고 가느다란 목 속에 잦아지는 듯한 울음소리로 공술한다.

아뢰옵기 과연 황송하외다. 천생 타고 난 성질이라 어찌할 수 없사외다. 가벼운 몸 덩어리요, 날카로운 부리외다. 그늘을 타고 창틈으로 새어 들며 냄새를 맡고 방 안으로 모이외다. 버들개지같이 날아오며 앵도 빛처럼 붉어 가외다. 항상 불 본 나비의 어리석음을 웃사오나 마침내 국에 빠지는 파리의 운명을 면치 못하외다. 사람을 해친 죄는 만 번 죽어도 사양치 아니하오나 쥐를 꾀운 일은 어느 꿈엔들 있사오리까? 간장에서 우러나온 소리오니 밝게 살펴주시압소서.

창고신은 파리와 모기를 가두어 두고 다시 늙은 쥐더러

파리와 모기가 아무리 사람을 귀찮게 굴지만 다 어리석은 미물이니 너같이 간사한 놈을 사촉했을 리 없을 것이다. 어서 바루 고백하라.

했다. 그래서 쥐는 다시 두꺼비(蟾蜍)와 지렁이(蚯蚓)를 끌어대었다. 나졸들은 두꺼비와 지렁이를 잡아 끌고 와서 대령했다.

두꺼비는 몹시 황겁해 펄렁거리는 가슴을 움켜쥐고 땅에 꿇어 엎드려서 벙어리 소리로 공술한다.

저는 본대 '나병癩病 환자'[27]옵기에 모든 짐승이 가까이하기를 싫어하외다. 배가 비록 크고 살졌사오나 식욕은 매우 적사오며, 걸음이 몹시 둔하고 더디오니 행동을 항상 삼가하외다. '선녀仙女의 후손'[28]으로 불행히 진토塵土에 귀양왔사오나, '옥토끼의 친구'[29]로서 어찌 곰쥐와 통모하였사오리까? 의외 봉변에 유구무언이외다.

그다음 허리가 두 동가리 날 만큼 오랏줄에 단단히 홀치어[30] 끌려온 지렁이는 웬 영문인지도 모르고 어리둥절했다. 땅에 엎드려 쩔쩔매며 감히 고개를 들지 못하고 공술한다.

저는 천성이 어리석고 쓸데없는 키만 길으외다. 엄한 추위가 시작하면 땅속에 몸을 깊이 감추오며, 급한 비가 개면 진흙 가운데서 허리를 펴외다. 발이 없어 걷기가 어려우며 눈을 잃고 행동하기가 답답하외다. 비록 돌미륵처럼 미련하오나 어찌 털짐승 같이 간사하오리까? 땅을 뒤지는 것은 비

---

27 (원주) 나병 환자: 두꺼비 피부의 사마귀(疣)들이 흰 액을 분필하므로 문둥이 피부와 같아 보인다.
    (보완) 분필은 '噴泌'인 듯. 곧 뿜어 흐르는 모양.
28 (원주) 선녀의 후손: 전설에 항아姮娥(嫦娥라고도 한다)라는 선녀가 서왕모라는 선녀의 불사약을 훔쳐서 월궁月宮으로 도망했다 하며, 또 달 속에 금두꺼비가 있다고 하여 섬여蟾蜍를 달의 대명사로 써 왔다.
29 (원주) 옥토끼의 친구: 전설에 달 속에 옥토끼가 약을 확에 찧고 있다고 하여 달을 옥토玉兔라고 한다. 혹은 두꺼비와 토끼를 아울러 달의 대칭으로 한다. 고시에 "三五明月滿 四五蟾兔缺"이라고 했다.
    (보완) 고시는 중국 한나라 무명씨가 지은 고시 19수《문선文選》권29,〈잡시雜詩 상〉중 17〈맹동한기지孟冬寒氣至〉에 나온다. "열닷새 날 밝은 달은 가득 차고, 스무날 두껍토끼 이지러졌네"이다. 여기서 '섬토蟾兔'는 두꺼비와 토끼를 묶어서 달을 가리킨다.
30 홀치다: 풀리지 않게 단단히 동여매다.

슷하오나 구멍을 드나드는 길은 다르외다. 종적이 분명하오니 의심을 말으소서.

창고신은 그들을 지옥 같은 방 안에 가두어 두고 늙은 쥐더러

두꺼비와 지렁이는 우둔하기가 짝이 없는 미물이니 너와는 아주 딴판이다. 사촉자는 따로 있을 테니 끝내 숨기려고 하느냐?

했다. 그러나 늙은 쥐는 끌어댈 만한 물건은 거의 다 대었으나 하나도 자복하는 놈이라고는 없어서 몹시 당황했다. 그러나 조금이라도 머뭇거리면 이치가 궁한 놈으로 인정될 것이오, 무어라도 끌어대지 아니하면 당장에 목이 떨어질 판이라, 할 수 없이 인연이 먼 가재(螯)³¹와 게(蟹)를 사촉자로 무고했다.

가재는 투구를 쓰고 갑옷을 입은 채로 나졸들에게 잡혀 와서 법관을 바라보곤 그만 뒷걸음질을 치며 하소한다.

저는 금오金螯의 후손이오 어류의 별종이외다. 가문은 강과 바다에 벌어져 있으며 겨레는 개천과 시내에 흩어져 살으외다. 등에는 삼신산三神山³²을 짊어진 적도 있었으며, 살로선 팔진미八珍味³³를 부끄러워하지 아

31　《서옥설》원문에는 자라(鱉)로 나오는데 최익한은 가재(螯)로 읽었다. 등에는 삼신산을 짊어진 것을
　　보면 자라가 맞을 듯한데, 투구 쓰고 갑옷 입은 것으로 묘사해서 가재로 만들었다.
32　신선이 산다는 전설 속의 산. 봉래산, 영주산, 방장산을 가리킨다.
33　여덟 가지 맛있는 음식. 나라마다 지역마다 다를 수 있다.

니하외다. 맑은 샘 속에서는 돌을 의지해 자맥질하오며, 아늑한 구멍 밖에서는 사람을 보곤 뒷걸음 치외다. 두 손을 잡고 항상 공손한 태도를 보이오며 긴 갑옷을 입고서 한 번도 용맹을 부린 일이 없사외다. 물과 육지가 서로 나뉘었는데 소리와 기운을 어찌 통하오리까? 어불성설語不成說[34]이오니 불필다언不必多言[35]이외다.

그리고 게는 대가리에서 손톱 발톱까지 철갑을 하고도 법관의 호통에 잔뜩 겁을 먹고서 모 걸음, 을 걸음에 갈팡질팡하면서 어쩔 줄을 몰랐다. 한참 지나서 겨우 정신을 차려서 감았던 눈을 뜨고 하소한다.

저는 본대 무가武家의 출신으로 갑옷을 입고 있사오나 항상 은자의 종적으로 강호를 떠나지 아니하외다. 창자가 없는 듯하오나 기개는 굳세외다. 여우 같은 놈이 하도 분하와 열창[36]으로 찔러도 시원치 않겠사외다.

창고신은 가재와 게의 공술을 듣고 그제야 늙은 쥐가 횡설수설하는 줄을 깨달았다. 가재와 게를 당분간 옥에 가두어 두고, 형리 나졸에게 명령해 쇠줄로 쥐를 결박해 기둥에다가 거꾸로 달아매고 다섯 가지 형벌 기구를 내어놓는 한편, 큰 가마에 기름을 끓이면서 위협한다.

늙은 도적 놈! 마땅히 삼족三族을 멸할지어다. 네놈의 당류를 하나도 남

---

34 말이 조금도 사리에 맞지 아니함.
35 여러 말을 굳이 할 필요가 없음.
36 게의 다리 10개를 창으로 비유한 듯.

기지 않고 전부 잡아들여 한꺼번에 죽일 테다. 하늘과 땅 사이에 크고 작은 날고 기고 꿈틀거리는 물건치고 네놈의 구초에 오르지 아니한 것이 없으나, 모두 허망에 돌아가고 하나도 그럴듯한 증거가 없다. 너의 죄상은 더할 나위 없이 청천백일하에 드러났다.

하고 형리들에게 다시 명령한다.

너희는 먼저 날카로운 칼로 이놈의 주둥이를 자르고 가죽을 벗겨라. 사지를 찢고 가슴팍을 찔러라. 꼬리와 귀를 베고 눈을 빼고 대가리를 끊고, 허리 동가리는 끓는 가마 속에 집어넣어서 데치고 삶고[37] 찌고 휘젓고 하여한 저럼의 살도 남지 않게 한 다음에 그만두어라.

창고신의 추상 같은 명령이 내리자, 늙은 쥐의 얼굴은 문득 풀잎처럼 새파래지고 줄방울의 눈물을 흘리며 최후에 할 말을 하고 죽기를 애원했다. 그래서 창고신은

할 말이 무에냐?

라고 했다.
이하에 늙고 간사한 쥐는 어미 젖 먹던 힘까지를 다 내어 한바탕 장황하게 진술했다.

---

37 삶고.

큰 쥐의
최후 변론

이때 노회한 쥐는 다시 정신을 바짝 차리고 창고신의 앞에 다가앉아서 그의 얼굴을 할금할금 쳐다보면서 변론을 시작한다.

다시 여쭙기로 천만 황송하외다. 이 늙은 것이 여지껏 고백한바 여러 짐승이 죄를 범하지 아니한 놈은 하나도 없었건마는, 나으리께서 너머[1] 인자하시와 다스리기를 엄하게 아니했기 때문에 그놈들이 모두 불복한 것이옵고, 이 늙은 것이 처음부터 속여 사뢰온 것은 아니외다. 나으리께서는 이 늙은 것을 간사한 놈으로만 알으시고 저들이 이 늙은 것보다 몇 백 배나 더 간악한 줄은 도무지 모르시오니, 이것이 더욱 억울한 바외다.
달팽이로 말쌈하오면 오장五臟을 갖추지 못하고 사지가 다 없으니 죄를 짓고도 죄가 무엇인 줄도 모르는 물건이외다.
개미로 말쌈하오면 한 미미한 벌레에 불과한 것들이 제멋대로 성곽을 벌

---

[1] 너무.

여 놓고 망령되이 나라 이름을 지어서 만승천자萬乘天子의 행세를 하고 있으니, 그 참람한 죄는 만 번 죽어도 남지 아니하리이다. 국가의 칭호도 감히 도적해 쓰거든 이 늙은 것을 사촉해 나라 창곡을 훔쳐 먹게 하는 것쯤이야 누워서 팥떡 먹기외다.

반딧불 즉 개똥벌레로 말쌈하오면, 빛의 큰 것으로 해와 달이 있고 빛의 작은 것으로는 등잔과 촛불이 있거늘, 반딧불은 한 치도 못되는 형각形殼[2]에 한 점의 불을 켜서 나무에 붙어서 반짝거리고 물에 대질러도 꺼지지 아니해 자칭 밤을 낮으로 만드는 재주를 가졌다고 하오나, 이는 고작해야 깊은 궁궐 가을밤에 한갓 소박 받은 첩년들의 원망을 북돋우며 빈 여관 가랑비에 속절없이 먼 나그네들의 시름을 자아낼 뿐이오니, 보잘 것이 무엇 있사오리까? 더구나 간사한 여우, 살가지와 흉악한 범, 이리를 자야밤중에 앞서 인도해 담장을 넘어 사람의 집으로 끌어 들여서 한량없는 재앙을 끼치게 하오니, 생김은 비록 작으나 해독은 실로 크외다.

닭으로 말쌈하오면 사람의 기름을 받고 사람의 은혜를 입었은즉 마땅히 사람에게 이익이 있는 노릇을 해야만 할 것이어늘, 한다는 짓은 한갓 사람이 애써 가꿔 놓은 채마를 발로 파 뒤지고 사람이 금이야 옥이야 하는 곡식 이삭을 주둥이로 쪼아 먹으며, 혹은 암놈이 소리쳐 부르짖고 혹은 초어스름[3]에 울기도 하오니, 이야말로 거친 닭이라 상서롭지 못하기가 그지없사외다.

두견으로 말쌈하오면 가죽에는 털이 드물고, 울고는 반드시 피를 토하오니 그 생김을 족히 알 수 있사외다. 그는 새끼를 기르지 않고 뭇 새를 저의

---

2 겉으로 드러나 보이는 형상.
3 해가 지고 어슴푸레 땅거미가 지기 시작할 무렵.

신하로 여기오니 그 어리석음을 가히 알 수 있사외다. 산천이 막히지 않고 날아서 못갈 바 없으니 돌아가려면 돌아갈 것이지 누가 못 가게 하관대 항상 '불여귀'를 부르짖고만 있사외다. 그는 자칭 옛날 임금의 넋이라고 하나 믿을 수 없사외다. 하물며 그 많은 수풀을 다 두고 하필 나그네 창 밖에 와서 울으오며, 대낮에는 무얼 하다가 달밤에야 구슬퍼 하오니까? 이 늙은 것이 도무지 요량할 수 없는 일이외다.

그리고 앵무로 말쌈하오면, 하늘이 만물을 마련할 때부터 사람과 짐승이 말을 통하지 못하는 것은 이치의 떳떳한 일이어늘, 오직 이 새는 능히 사람의 말을 알고 사람의 뜻을 통해 손님이 오면 반드시 알려 주고 일이 있으면 반드시 고하오니, 이는 요망한 물건이외다. 요망한 놈의 말을 곧이 듣고 이 늙은 것의 아룀은 순전히 허망한 것으로 돌리시니, 옛말에 요망한 것은 덕을 이기지 못한다는 것이 도리어 빈말로 되고 말았사외다.

꾀꼬리로 말쌈하오면, 그 빛이 아무리 아름다운들 그림만 같이 못하며 그 소리가 아무리 좋은들 음악 소리를 당할 수 없거늘, 세상 사람들은 그림을 버리고 그놈의 빛을 취하며 음악을 두고 그놈의 소리만 들으려 하오니, 이것이 유혹된 일이 아니고 무엇이겠사오리까? 더구나 그놈의 소리는 음탕하기도 하고 슬프기도 하여 사람으로 하여금 즐겁게도 하고 서러워하게도 하오니, 이는 요망한 소리외다. 그 소리가 요망할진대 그 마음인들 요망하지 아니하오리까? 그러면 나으리께서 지적하신 간사란 것은 비단 이 늙은 것에게만 있는 것이 아니외다.

나비로 말쌈하오면 그 놈은 일시 벌레의 화신이며 오행五行의 완전한 기운을 타고난 물건이 아니므로 그 근본이 보잘 것 없거늘,[4] 세상 사람은 그의 가볍고 연약한 모양을 사랑하기도 하며 시인들은 펄펄 나는 분결 같은 날개를 읊기도 하니, 그가 사람에게 잘 보이려고 백방으로 아첨하는 것을 미루어 알 수 있사외다. 한개 미물로서 갖은 술책을 다 부리어서 혹은 '철인의 꿈에'[5] 들어가 형체를 바꾸며 혹은 '미인의 몸으로'[6] 화해 사람을 유혹하니, 그 변화하는 요술은 귀신도 오히려 측량하지 못하온즉 그놈이 구멍 파는 짐승으로 화하고 곳집에 쌓인 곡식을 훔쳐 먹지 아니했다고 누가 보증하오리까?

제비로 말씀하오면 말만 나불나불할 뿐이옵고 성질은 실상 투미하와 가벼이 날기에만 힘쓰고 진중하지 못하외다. 남의 심부름꾼으로 편지나 전해 주오니 어찌 그리 지저분하오니까? 온 집에 불이 붙는 줄도 모르고 제 보금자리에서 계집, 새끼와 함께 기뻐하오니 어찌 그리 어리석소이까?

개고리로 말씀하오면 밤새도록 우는 것이 무엇을 하소하며 진종일 떠드는 것이 무엇을 말함인지, 한갓 사람으로 하여금 귀를 가리고 이맛살을 찌푸리게 할 뿐이외다. 그리고 그놈의 공술 가운데 은연히 얼버무려 넘기는 의사가 있으니 그 놈이 누구를 속이려고 하는 것이오니까? 나으리를 속이는 것이 아니오니까?

박쥐로 말씀하오면 본디 저의 집안 서파庶派 자식들이었는데 애초에 저의 집 적파嫡派가 몹시 빈한하와 생활이 곤란하므로, 박쥐들은 일가를 배반하고 족보族譜를 파서 날짐승에게 투탁投託해 그들의 날개를 빌리고 그들의 세력에 의지해, 판 상놈의 행사를 하며 가문의 명예를 더럽히었사

---

4   태극도설에서 태극–음양–오행의 순서로 배속되어, 성충 이전의 나비는 음과 양이 조화되지 않은 음 기운의 사물이기에 오행의 기운 또한 완전하지 않을 것이니 "근본이 보잘 것 없거늘"이라 한 것이 아닐까 한다.

5   (원주) 철인의 꿈에:《장자》에서 '장주가 꿈에 나비로 되어 펄펄 날았다'는 것을 가리킨 것이다.

6   (원주) 미인의 몸으로: 미인의 경박하고 아리따운 태도가 나비 같다는 것을 의미한 것이다.

외다. 그래서 이 늙은 것이 문중회의를 열고 그놈들을 잡아다가 조상 사당 앞에 꿇어앉히고 벌을 주려고 한즉, 그놈들은 문득 날아가며 하는 소리가 우리는 본디 날짐승이지 서가鼠家에 무슨 관계 있나 했사외다. 어찌 이뿐이겠습니까? 그놈들이 날짐승 패에 들어 덤비다가 '집에서 새던 쪽박이 들에 가서도 샌다'는 격으로 부정한 행실이 탄로되어 날짐승들의 배척을 받고 올 데 갈 데가 없어지면, 그때에는 말이 못 된 꼬락서니를 해서 앙금앙금 기어 와서 이 늙은 것을 보곤 '아저씨!' 하며 달라드외다. 그놈들의 심사가 하도 괘씸하기에 이 늙은 것이 누차 꾸짖고 사정을 두지 아니했더니, 그놈들이 이것으로 반감을 품고 험담과 중상을 일삼아 온 지가 이미 오랬사외다. 더구나 이 늙은 것이 곤경에 빠진 것을 보고는 그놈들이 샐개웃음[7]에 미친 춤을 추는 판이온데 어찌 이 늙은 것을 위해 사실을 자백하오리까?

참새들로 말쌈하오면 그 몸집이 반드시 저보다 크지 못하며 그 지혜가 반드시 저보다 많지 않건마는, 다만 나는 재주를 믿고 이 늙은 것의 일족을 아주 납작하게 보고 있사외다. 그러나 사람이 만일 그놈의 날개를 잘라버리면 그다음엔 갈 데 없어서 반드시 이 늙은 것의 구멍으로 기어 들어 서가[8]의 일족에 탁명하기를 애걸했사외다. 그러나 이 늙은 것이 가문의 명예를 위해 항상 거절하고 받아들이지 아니했으므로 갈 데 없는 그들은 저의 문 밖에서 더러 얼고 굶어 죽은 자가 있게 되었사외다. 이 까닭에 그들

7　'샐긋'은 북한《조선말대사전》에 '바로 생긴 물건이 귀염성있게 잇달아 조금 기울어지거나 비뚤어지는 모양을 나타내는 말'로 나오는데, 남한과 북한에서 모두 웃음을 표현할 때 쓰는 부사인 것 같다. 따라서 '샐개웃음'은 '샐긋 웃는 것'을 뜻하는 듯하다.

8　鼠家인 듯하다.

은 당치 않은 원한을 품고 기회만 있으면 이 늙은 것을 잡아먹으려고 하오니 이것이 모두 늙은 것의 신운 소관이외다.

까마귀로 말씀하오면 성질이 본디 음흉하고 소리조차 상서롭지 못하외다. 사람이 죽어 가면 반드시 먼저 알고 병들려면 또한 먼저 알리기 때문에 세상에서는 까마귀를 귀신 졸개(鬼卒)라고 부르외다. 자신은 열두 소리를 한다고 자랑하나 어느 누가 듣기를 좋아하오리까?[9]

까치로 말씀하오면 지혜로운 듯하면서 간사하고 공교한 듯하면서 옹졸하외다. 이른 아침에 짖으면 반가운 소식이 오리라고 하나 반드시 다 맞히지 못하며, 남쪽 가지에 집을 지으면 좋은 일이 있으리라고 하나 반드시 그렇지도 아니하거늘, 공연히 빈 이름만을 얻고 있으니 어찌 진실로 부끄러운 일이 아니오니까?

소리개와 올배미로 말씀하오면 두 놈의 성질과 행동이 비슷하외다. 오곡의 맛은 즐기지 아니하는 자가 없는데 소리개는 이것을 싫어하고 오직 썩은 고기를 좋아하오며, 태양의 빛은 반기지 아니하는 자가 없거늘 올배미는 이것을 꺼리고 항상 어둔 밤을 좋아하오니, 그들의 종류가 천하고 성질이 음흉함을 족히 알 수 있사외다. 이 늙은 것이 그놈들의 지휘를 받은 것은 이제 와서 생각함에 심히 부끄럽사외다.

거위와 집오리로 말씀하오면, 그놈들의 우리(圈)가 마침 이 늙은 것의 집과 가까워서 항상 시끄러운 소리로 고요함을 깨뜨리옵기에 늙은 것이 무뚝[10] 솟아오르는 분위기를 이기지 못하와 몰래 그 우리에 기어 들어가서, 먼저 거위의 다리를 깨물은즉 거위는 고함을 치고 달아났으며 그다음 집

오리의 가슴을 물어 먹은즉 집오리는 살이 다하고 뼈가 나와도 입을 악물고 한마디 소리도 지르지 아니했사외다. 이것을 보면 한 놈은 성질이 왈패스럽고 한 놈은 성질이 몹시 독살스러우니 어찌 예사 잡두리[11]로써 그들을 자복하게 할 수 있사오리까?

뱁새로 말쌈하오면 바탕이 보잘 것 없으니 그 속엔들 무어 있사오리까? 비둘기로 말쌈하오면 성질이 심히 옹졸하니 무슨 별 짓을 하오리까? 뫼초라기와 꿩은 그 고기 맛이 좋은 탓으로 제 목숨들을 잃어버리니 일변 생각하면 불쌍하기가 그지없사외다. 그러나 그렇다고 해서 그들이 모두 지극히 어리석어서 이 늙은 것을 족히 도와줄 수 없었다고 속단하면 이는 큰 착오일 것이외다. 지렁이도 기는 재주가 있다는 격으로 제각기 남모르는 재간을 가지고 있사외다.

매와 새매로 말쌈하오면 특수한 재간을 가졌기 때문에 흔히 사람들에게 잡히는 바가 되오니, 이는 재주 있는 것이 재주 없는 것만 못한 것이외다. 아! 가엾소이다. 이 늙은 것도 만일 아무 지각도 꾀도 없었던들 어찌 오늘날의 불행이 있사오리까?

큰 기러기와 따오기로 말쌈하오면 그들은 눈치만 보면 그만 피하고 기틀(機)을 알면 문득 날아가 버리니, 평생에 죽을 고로 들어갈 리가 만무하겠지만 그래도 갈대밭에 내려앉아 마름과 연밥을 먹다가 가끔 사람들의 화살, 주살(弋)에 맞아서 신세를 그르치나니, 이 늙은 것이 목숨을 위하다가 목숨을 빼앗기는 것과 무엇이 다르오리까? '목구멍이 포도청捕盜廳이라'는 말이 진실로 격언이외다.

---

11 잡도리. 아주 요란스럽게 닦달하거나 족치는 일.

황새와 들오리로 말쌈하오면 부리가 길 뿐이며 다리가 길 뿐인즉 그들의 소장[12]이란 부리와 다리 밖에는 아무 것도 없사외다. 그들은 지혜가 적어서 혹은 주살에 죽으며 계교가 짧아서 혹은 돌팔매에 상하오니, 이는 먹는 데만 밝고 몸 보호에는 어두운 이 늙은 것과 무엇이 다르오리까?

갈매기와 백로(해오라비)로 말쌈하오면 겉은 희나 속은 검기 때문에 이들은 겉보기와 다른 무리외다. 이들이 까마귀가 새까맣다고 몹시 비웃지마는, 이는 남들의 겉 검으면 속도 검은 줄로만 알고 자신들의 겉 희고 속 검은 줄은 도무지 모르는 까닭이외다. 속이 검다는 것은 그 마음이 도적놈이라는 말이오니 이들이 이 늙은 것을 사촉한 것은 더 다시 의심할 바가 없사외다.

골새와 독수리로 말쌈하오면 기운이 억세고 마음이 영악해 죽음을 겁내지 아니하는 무리오니, 죽을 죄를 짓고도 자복하지 아니할 것은 당연한 일이외다.

비취와 원앙으로 말쌈하오면 한갓 깃과 털이 아름다움으로써 범죄의 그물에서 벗어나게 되었으니, 참으로 겉만 보는 세상이외다. 말쌈하기는 외람하오나, 이 늙은 것이 바탕은 비록 추하오나 만일 조물의 은혜를 입어 비취와 원앙 같은 화려한 털을 타고 났더면 어떠한 죄를 범했을지라도 조금도 혐의를 받지 아니했을 것이외다.

교청과 비오리는 아침에도 고기를 잡아먹고 저녁에도 고기를 잡아먹사오니, 이처럼 심한 욕심쟁이들이 어찌 비린 고기만 편식하고 옥백미 이밥에는 식욕이 동하지 아니했사오리까? 옛날 성인도 나이 육십이 되면 고기

---

12 所長. 자기의 재능이나 장기 가운데 가장 뛰어난 재주.

없이는 배부르게 먹을 수 없다고 하시지 아니했습니까? 이 늙은 것이 곡식 창고 안에서 매일 삼시[13]로 이밥만 먹고 보니 하도 소증素症[14]이 나서 비오리와 서로 바꿔 먹자고 비밀히 약속한 지가 이미 오래되었사외다.

난새, 학, 봉황, 공작 등속은 모두 빛좋은 개살구요 이름 좋은 큰 아기들이오니 시비곡직을 다시 입에 걸어 말할 나위도 없사외다. 만일 이들을 사자, 코끼리, 기린 등속과 함께 덮어 열넉 냥 금[15]으로 모두 이상한 짐승이라고 하여 법률의 그물에서 면제된다면, 이 늙은 것도 사실상 지혜로 보나 재주로 보나 또 문벌의 오랜 것으로 보나 범상한 짐승이 아니오니 한번 용서받을 처지는 훌륭히 되지 아니하오니까?

대붕새와 고래로 말씀하오면 이 늙은 것이 힘과 몸집은 그들보다 천길만길이나 떨어졌사오나, 양심과 체면에서는 도리어 그들이 이 늙은 것과 비교할 수 없을 만큼 적고 희미하외다. 보시다시피 대붕새는 하늘과 땅을 뒤집어 엎으려고 하며 고래는 온 바다 고기를 한입에 삼켜 버리니, 이처럼 무도하고 탐욕스러운 일이 어데 다시 있사오리까? 이제 나으리께서 만일 그들의 몸덩어리가 크다고 놓아주시고 그들의 힘이 웅장하다고 용서해 주신다면, 장차 힘센 놈의 세상이 되며 무법천지로 변하고 말 것이외다. 이렇게 되면 다 같은 하늘 아버지와 땅 어머니의 품속에서 약하고 작은 놈들은 무얼 믿고 살아가오리까?

벌, 매미, 거미, 범아자비, 하루살이와 잠자리, 파리와 모기 등 미물로 말

---

13 아침, 점심, 저녁의 세 끼니.
14 푸성귀만 먹어서 고기를 몹시 먹고 싶어하는 증세.
15 우리 속담 '덮어놓고 열넉 냥 금'을 활용했다. 생각해 보지도 않고 아무렇게나 우물쭈물 넘기려고 할 때 쓰는 말.

쌈하오면, 혹은 날개만 있고 꽁지가 없으며 혹은 껍질만 있고 날개가 없으며 혹은 가죽만 있고 발이 없사외다. 생물의 형체도 갖추지 못한 것이 어찌 생물의 성질을 똑똑히 가졌사오리까마는, 그래도 겉보기와 달라서 한 조각의 간사한 마음은 다 같이 지니고 크나 작으나 모두 이 늙은 것을 사촉했사외다.

재판의 결말

:

뭇 쥐의

최후

청산유수 같은 늙은 쥐의 장황한 구변에 창고신은 약간 마춰되고 지치기도 하여 정신이 어리둥절했다. 잠간 눈을 감고 등신처럼 앉아 있었다.

늙은 쥐의 말이 끝나자 옆에 있던 사나운 개는 침을 흘리고 노리며 표독스러운 고양이는 눈을 부릅뜨고 달려들려 했다. 늙은 쥐는 전신을 부들부들 떨면서 어찌할 바를 몰랐다. 쥐는 다시 고개를 바짝 뒤로 젖겨¹ 들고 창고신을 바라보며

이 늙은 것이 과연 죽을 때를 당하와 여지껏 두서없는 빈 말쌈을 길게 늘어 놓았사외다. 천만 죄송하외다. 이제부터는 참말로, 정말로 이 늙은 것을 사촉한 자를 똑바로 고백하오리다.

이 말을 들은 창고신은 그제야 늙은 놈의 수천만 마디 말이 전부 거

---

1   젖기다: 젖히다의 방언.

짓말인 것을 깨닫고 화가 머리끝까지 치밀어서 주먹으로 책상을 치며

먼저 뜰 바닥에 놓인 저 댓돌을 들어 저놈의 이빨을 쳐부수어라!

라고 형리 나졸에게 벼락 같은 소리로 명령했다. 늙은 쥐는 땅에 엎드렸다 펄쩍 뛰면서 연거푸 소래기를 지른다.

천만 억울하외다. 하늘과 땅과 들 귀신, 산 귀신과 푸르고 울밀한 소나무, 잣나무와 쇄쇄 부는 바람과 뭉게뭉게 떠오르는 구름과 침침한 안개와 축축한 이슬과 반짝이는 별들과 환한 해 달이, 모두 상제上帝의 명령을 받들고 나로 하여금 나라 창고의 곡식을 마음대로 먹게 했사오니, 이 늙은 것이 무슨 죄가 있단 말이요?

마치 마魔 들린 듯이 주워 섬기는 늙은 쥐의 말을 듣고 나서 창고신은 손바닥을 치고 크게 웃으면서

아닌 게 아니라 하나님이 다사하시어 이런 못된 종류를 만들어 내서 공공연히 세상에 해독을 끼치게 하시고는 도리어 원망을 사서 들으시니, 상제가 어찌 그 책임을 사양하실 수 있으랴!
그러나 이 늙은 도적놈이 몇 달을 두고 수백 종의 새와 짐승을 끌어대며 온갖 악담과 무도막심한 언사를 토하다가 종말에는 감히 상제까지를 범죄의 사촉자로 지목하니, 이는 예사 범죄자가 아니고 대역부도大逆不道의 범죄자다. 일이 이 지경에 이른 이상 내 직권으로는 단독 처결할 수 없

으니 부득불 하늘에 상고해 상제의 처분을 기다릴 수밖에 없다.

하고 늙은 쥐를, 항쇄족쇄를 채워서 벽돌로 만든 감방 안에 깊이 가두
어 두고 신병으로 하여금 엄중히 감금케 했다. 그리고 자기는 사흘을
목욕재계한 다음, 초사招辭[2]받은 문서를 전부 정리해 몸소 휴대하고 상
제의 앞에 나아가 문건을 올리고 삼가 아뢰기를

소신小臣이 '백성의 하늘'(民天)[3]을 옳게 지키지 못하옵고 또 간사한 도적
들을 능히 징치하지 못했사오니, 소신의 죄는 만 번 죽어도 마땅하외다.
그러나 사건의 연유가 너머 광범하와 생명의 손상이 많을 것이오며, 또 요
망한 벌레가 이미 범상犯上[4]의 언사를 발했으므로 소신이 감히 홀로 결정
할 수 없사오니, 상제께서는 밝게 명령해 주시압소서.

상제는 그 옥사 문건과 사건 전말을 열람하고 곧 다음과 같은 재결
을 내리었다.

하계下界한 미물의 간악한 죄는 족히 나의 재결을 번거로히 할 것이 못 되
나, 그 죄상을 말하면 불가불 천벌을 내려서 신령한 새와 이상한 짐승에게
사례하야만 하겠다. 너 창고신은 곧 돌아가서 역적의 늙은 쥐를 나라 창

---

2   조선시대에 죄인이 자기의 범죄 사실을 진술하던 말.
3   (원주) 백성의 하늘: "임금은 백성을 하늘로 삼고, 백성은 식량을 하늘로 삼는다"(王者以民爲天, 百姓
     以食爲天)는 옛글을 인용한 것이다.
4   아랫사람이 윗사람에게 해서는 안 될 짓을 함.

고 앞에서 죽이고 그 시체를 네거리에다 내버리어, 부리가 있는 자, 발톱이 있는 자, 이빨이 있는 자들로 하여금 그 놈의 고기를 물고 호비고[5] 너을고 씹어서 그들의 울분을 풀게 할지어다. 가두어 두었던 뭇 새와 뭇 짐승은 전부 석방할 것이며, 역적의 소굴과 족당은 하나도 남기지 말고 저저이 소탕해 다시는 하계에 악한 씨를 끼치지 말게 할지어다.

창고신은 공순히 엎드려서 상제의 명령을 받들고 곧 돌아와서, 창고 앞에서 늙은 쥐의 대가리를 자르고 옥문을 열어 젖겨서 오래도록 가두어 두었던 무리들을 내어 놓으며 선포하기를

상제께서 그대들이 마음껏 복수할 것을 명령하시었다.

이 선포를 듣자 뭇 새, 뭇 짐승이 모두 기뻐 춤추며 옥문 간에서 몰려 나와서, 나는 놈은 날고 기는 놈은 기며 혹은 두 날개를 두드리고 혹은 네 발로 뛰어 한참 야단법석을 치다가 어느덧 구름이 흩어진 듯 바람이 자는 듯했다.

그리고 고양이와 개는 바루 쥐의 소굴로 달아가서 늙은 쥐의 삼족 육친六親과 사돈의 팔촌八寸까지를 전부 수색해 창고 앞의 광장에다가 잡아 팽개쳤다. 이리와 살가지는 그들의 대가리를 씹어 먹으며 까마귀와 소리개는 그들의 배때기를 쪼으며, 매와 새매는 그들의 사지를 내려

---

5 호비다: 좁은 틈이나 구멍 속을 갉거나 돌려 파내다. 후비다와 비슷한 뜻인 듯하다.

우피며⁶ 멧돝과 수달은 그들의 허리와 등척을 너을며, 고슴도치는 그들의 갈빗대를 등어리에 짊어지고 가며 범아자비는 그들의 꼬리를 안고 날며, 닭은 그들의 썩은 고기에 오물거리는 구더기를 쪼아 먹으며 까치는 그들의 터럭을 물고 날며, 지렁이, 파리, 모기, 도루래(螻),⁷ 개미는 그들의 피를 빨아 먹는다. 그 밖에 비린 것을 먹지 아니하는 자들도 모두 시체들을 찢어 씹어 먹으려 했다. 잔인 처참한 광경은 차마 바로 볼 수 없는 살풍경이었다.

이때 감금에서 놓여 나온 여러 무리 중에 용과 범과 학과 난새는 늙은 쥐의 시체를 못 본 체하고 갈 데로 가버렸으며, 기린과 봉황은 그 잔인 처참한 광경을 바라보고 여러 동물을 향해

그대들의 복수 행동은 너머나 심하도다! 이미 죽은 시체에 그처럼 육시할 것이 무어 있는가?

하고 간절히 말리었다. 그래서 뭇 새와 뭇 짐승은 모두 흩어져 갔다.

이렇게 한참 혈극을 치른 다음 창고신은 신병에게 명령해 늙은 쥐의 소굴을 파 뒤지고 엄밀히 검사해 본즉, 그의 당류와 족속이 모두 고양이의 죽인바 되었다. 드디어 회토灰土 박석으로 그놈들의 구멍을 막고 틈을 메우고 고양이와 살가지로 하여금 순번을 정해 엄밀히 수호하게 했더니, 그 뒤부터는 나라 창고에 곡식이 축가거나 허비되는 일이

---

6   정확한 뜻을 알 수 없으나, 《서옥설》 원문 '확기사지攫其四肢'의 번역이므로 '움켜쥐다'라는 뜻으로 보인다.
7   땅강아지. 앞에서 나오지 않는 유일한 생물이다.

없어졌다.

태사씨太史氏[8]는 말한다.

불은 당장에 꺼 버리지 아니하면 번지는 법이요, 옥사는 결단성이 없이 우유부단優柔不斷[9]하면 번거로워지는 법이다. 만일 창고신이 늙은 쥐의 죄상을 밝게 핵실해 조속히 처단했던들 그 화는 반드시 그렇게 범람하여지지 아니했을 것이다. 아! 간사하고 흉악한 성질을 가진 자는 어찌 창고를 뚫는 쥐뿐이랴? 아 참! 두려울 일이로다.

---

8 (원문) 태사씨: 사기와 기록을 맡은 관원이다. 작자는 이 작품을 끝마치고 사가의 견지를 빌려서 간단한 결론적 논평을 쓴 것이다. 이는 사마천司馬遷의 《사기》와 김부식金富軾의 《삼국사기三國史記》의 용례를 본뜻 것이다.

9 어물어물 망설이기만 하고 결단성이 없음.

해설

윤병용(서울대 국어국문학과 박사과정 수료)

《재판받는 쥐》는 조선시대의 한문소설 《서옥설》(혹은 《서옥기鼠獄記》)을 최익한이 한글로 번역한 작품이다. 제목에서 알 수 있듯 죄를 저지른 쥐가 재판을 받아 처벌을 받는다는 내용의 우화소설로, 동물 간에 벌어지는 송사訟事를 주된 모티프로 한다는 점에서 송사소설의 유형으로도 분류된다.

우화소설이란 표면적으로는 동물들의 이야기를 펼쳐 놓지만 그 이면에서는 인간군상의 실태를 풍자하기 마련이다. 《재판받는 쥐》 역시 다른 우화소설들과 마찬가지로 동물에 대한 이야기 속에 날카로운 비판적 시선이 자리했으며, 이는 일차적으로 《서옥설》이라는 원작 텍스트가 산출되던 당대의 시대적 상황과 긴밀히 결부되어 있다. 아울러 《재판받는 쥐》가 《서옥설》을 단순 직역한 결과가 아니라 최익한이 나름의 해석을 토대로 의역을 시도한 작품이라는 사실을 감안한다면, 여기에는 번역자의 관점 역시 중층적으로 반영되었을 것으로 예상된다.

이 글에서 우리는 《재판받는 쥐》를 읽어 가며, 작품 표면에 등장하는 허구적 존재들이 어떻게 인간과 현실을 반영했는지 또한 그 이면에 어떠한 메시지가 담겨 있는지 고찰하면서 작품의 의미와 매력에 다가가 보려 한다. 이후 원작인《서옥설》의 작가 문제와 번역자인 최익한의 시각도 확인함으로써 작품을 더 깊이 이해해 보고자 한다.[1]

1.《재판받는 쥐》가 보여 준 것과 묻는 것

이야기의 시작은 이렇다. 어느 날 교활하기로 으뜸인 어른 쥐가 다른 쥐들을 거느리고 곡식 창고에 침입한 뒤, 십 년 동안을 마음껏 포식하며 생활한다. 창고가 빌 지경이 되어서야 이를 알아챈 창고신은 범인을 색출한 끝에 어른 쥐를 잡아온다. 곤경에 빠진 어른 쥐는 죄를 모면하기 위해 꾀를 짜내고, 수많은 동식물을 자신의 범죄조력자 내지 사주자로 무고하기 시작한다.

그에 따르면 창고의 벽을 뚫으려 할 때 복사꽃은 방긋 웃고 버드나무는 춤을 추며 자신을 격려했고, 달팽이는 흙을 적셔 일을 수월하게 해 주었으며 개미들은 자신이 파놓은 흙을 구멍 밖으로 날라 주었다. 또한 밤에는 반딧불이 나타나 불을 밝혔고 새벽 무렵엔 닭이 울어 무사히 달아날 수 있게 해 주기도 했다. 게다가 고양이에게 잡아먹힐 뻔했을 때는 두견새가 '불여귀'라고 울어 화를 면했고, 범죄가 발각될까 두

---

[1] 최익한의《서옥설》번역은 직역보다는 의역에 가까웠으며, 그 과정에서 문단 수준의 분량이 삽입되기도 하고 동물과 관련된 특정 사례가 교체되기도 하는 등의 변화가 이루어졌다. 이로써《재판받는 쥐》는 원작인《서옥설》과, 한문과 국문이라는 표기의 차원을 넘어선 내용에서의 차이 또한 얼마간 지닌 셈이다. 이 해설에서는 이러한 원문과 번역문의 차이를 심도 있게 밝히기보다는, 두 텍스트가 공유하는 소설의 핵심적인 내용과 그 의미에 집중하고자 한다. 이하 인용한 부분은《재판받는 쥐》의 것이며, 인용문 중 특히《서옥설》과 차이를 보이는 지점들에 대해서는 각주에서 제시할 것이다.

려워하고 있을 때는 제비가 날아와 '부지'라고 대답하라며 귀띔하기도 했으니, 이 모두가 자신과 범행을 공모했다는 것이다.

재판의 주재자인 창고신은 그 말을 의심하면서도 쥐가 지목한 대상을 모조리 불러들여 심문하기에 이른다. 현장에 불려온 대상은 날짐 승과 길짐승, 맹수와 곤충, 용이나 봉황 등을 망라해 총 80여 종이 되었으니, 사실상 거의 모든 생물이 이 사건에 연루된 셈이다. 재판 현장에 불려온 군물群物들은 두려워하거나 분해하면서도 적극적으로 자기변호에 나선다. 이들의 반론은, 자신의 외양이나 습성을 쥐가 의도적으로 곡해했다거나 식성이 달라 창고의 곡식에 관심이 없다거나 미천한 쥐와는 출신 성분이 다르기에 상종한 적조차 없다는 식으로 다양하게 나타난다. 그러나 쥐의 교활함과 간사함을 비난한다는 점에서만큼은 하나같이 입을 모았다.

이처럼 어른 쥐는 창고신이 언급했듯 "100년의 저축을 탕진하고 만민의 양식을 없애" 버린 도적이자, 자신이 살기 위해 무고한 이들을 마구 고발할 만큼 간악한 동물로 등장한다. 이 같은 쥐의 형상에서 탐욕스럽고 교활한 인간의 모습을 떠올리는 일은 자연스럽다. 창작 당시의 사회적 현실을 고려해 본다면, 사람의 양식을 약탈한 쥐의 모습은 그 자체로 농민을 수탈하는 탐관오리를 상징한 것으로 여겨지기도 한다.[2] 그렇게 볼 때, 쥐가 십 년 동안이나 양식을 털어 창고가 텅 빌 지경에 이르렀다는 작품 속의 상황은 곧 교활한 탐관오리에 의해 파탄을 맞

---

2   탐관오리로서의 쥐의 형상은 우리의 문학 전통에서 흔히 발견되는 것이기도 하다(정학성, 〈우화소설 〈서 옥기〉의 소설사적 가치〉, 《한국고전산문연구》, 동화문화사, 1981, 234쪽).

이했던 당대 백성의 실상을 반영한 것이라 볼 수 있다.

작품의 결말부에서 쥐는 결국 죄를 면하지 못한 채 끔찍한 형벌을 받는다. 서술자는 그 이후 "나라 창고에 곡식이 축가거나 허비되는 일이 없어졌다"고 하며, 양식이 탈취된 원흉이 쥐였음을 재차 상기하게 한다. 이러한 《재판받는 쥐》의 표면적인 결말은 일견 고전소설에서 일반적으로 기대되는 권선징악 내지 사필귀정의 원리를 구현한 것으로 보인다. 탐관오리의 상징으로서 부정과 비판의 대상이었던 쥐가 가차없이 단죄되는 상황에 주목한다면, 이와 같은 결론은 무리 없이 여겨지기도 한다.

그러나 작품의 속내를 자세히 들여다보면 사정은 그리 간단하지가 않다. 수많은 동물에게 비난받은 쥐가 다시 입을 열어 공방이 재개되고 결말에 이르는 과정에서, 우리는 오히려 선악의 구도가 흔들리고 기존의 인식이 전복되는 대목을 자주 맞닥뜨리기 때문이다. 《재판받는 쥐》의 실체는 바로 이 지점에 있다고도 볼 수 있는데, 이를 살피기 전에 우리는 작품이 겉으로 보여 주는 것을 의심하며 다음과 같은 질문들을 던져 볼 수 있을 것이다. 쥐가 고발한 군상들은 정말로 아무 죄 없는 존재들인가? 작품의 결말은 정의의 승리, 즉 사필귀정事必歸正으로 정리될 수 있는가?

2. 쥐의 이중성과 우화적 세계의 실체

재판 현장으로 돌아가 보자. 여러 동식물이 자신의 무고를 주장하며 쥐의 교활함을 강변하자, 창고신은 크게 화를 내며 쥐에게 제대로 이실직고할 것을 재차 명한다. 형벌에 임박해 마음이 급박해진 쥐는 "이미 불복한 여러 짐승의 약점들을 한꺼번에 휘몰아 논박해 법관의 총명을 현란케 한 다음에 다시 모면할 구멍을 찾아볼 것"을 결심한다. 이 시점부터 쥐의 전략은 다른 동물이 곡식 탈취를 공모했다고 무고하는 것에서 해당 동물의 약점과 사악함을 강조하는 쪽으로 선회한다. 자신이 곡식을 탈취한 것은 맞지만, 그 죄의 무게는 다른 존재보다 결코 크지 않음을 부각하려는 것이다. 쥐의 입을 빌려 천지만물의 해로움이 줄줄이 열거되는 이 대목들이야말로 《재판받는 쥐》에서 가장 인상적인 부분 중하나이다.

그가 열거하는 해악이란 대개 고양이가 자기 새끼를 잡아먹는다든지, 족제비가 아내들을 버린다든지, 여우가 요술을 부린다든지 하는 것처럼 동물의 습성과 그에 대한 부정적인 인식, 혹은 그와 관계된 전설이나 고사에 근거했다.[3] 구체적인 내용을 보면 원숭이가 식욕 때문에 동류를 돌보지 않는다거나 나비가 아첨을 잘한다는 것처럼 성품의 문제를 지적하기도 하지만, 살쾡이나 노루처럼 사람의 가축을 해치거나 보리 싹을 뜯어 먹는 등 인가人家에 실질적인 피해를 주는 습성을 비난하는 경우도 많다.

동물을 빌려 인간을 풍자하는 우화소설의 성격을 생각한다면, 이들 역시 인간의 다양한 해악을 풍자한 것으로 볼 수 있다. 예컨대 원숭이나 나비의 모습에선 패륜과 아첨을 일삼는 인간을, 살쾡이의 모습에선 포악한 성품을 지닌 인간을, 노루 등의 모습에선 거침없이 주변에

---

3   수많은 전고가 동원되어 있다는 것은 원작인 《서옥설》의 주된 특징으로 여러 논자가 지적해 온 바이다 (자세한 사항은 장시광, 〈서옥기의 창작방식 연구〉, 《동양고전연구》 12, 1999a; 신해진 편역, 《서류 송사형 우화소설》, 보고사, 2008, 36쪽 참고).

해를 끼치는 유형을 연상할 수가 있을 것이다. 이 고발들 속에 겹쳐 보이는 인간의 모습은 온갖 동물의 문제를 열거하는 쥐의 말을 허튼소리로만 치부할 수 없게 하는 이유가 된다.

그런데 쥐가 가장 격렬하게 비판하는 대상은 포악하거나 패륜적인 짐승이 아니라, 의외로 인간에게 무해할뿐더러 신령한 존재로도 여겨지는 기린이다. 처음 쥐가 기린을 사주자로 언급했을 때, 창고신은 "기린은 어진 짐승으로서 용과 봉황과 거북으로 더불어 사령의 칭호를 듣는데, 고약한 쥐새끼와 통모했을 리가 만무하다"며 전에 없이 크게 의심한다. 이러한 생각은 독자들 역시 마찬가지였을 터이다. 그러나 쥐는 '예부터 성인군자들이 기린을 상서로운 존재로 규정해 왔기에 감히 헐어서 말하지는 않겠다'고 하면서도, "마음속으로는 그윽히 의심을 품고 있사외다"라는 말로써 거침없이 비난의 포문을 열었다. 쥐의 말을 직접 들어보자.

① 기린은 외뿔로 그 끝에 살점이 달려서 상인해물의 마음이 없다 하오나, 이는 한개 병신이며 불구자로 생긴 짐승이외다. ② 말로는 기린이 360모충의 어른이라고 떠들지만 그 위엄은 능히 호랑이와 승냥이를 제어하지 못하고, 다만 세상을 떠나며 무리를 피해 멀고 궁벽한 곳에서 홀로 살고 있사오니, ③ 이건 사람으로 말하면 아무 학식과 행실과 포부가 없는 무능한 선비가 산림 속에 깊이 들어앉아서 빈 이름만 팔고 세상을 기만하는 자와 다름이 없사외다.[4] (번호는 인용자)

---

4   해당 인용문은 최익한이 번역 과정에서 추가한 부분이다. 원작인 《서옥설》에서 쥐는 기린에 대해 '요순시대에 기린이 출현했다는 말을 들어 보지 못했다'는 정도로 언급했을 뿐이다. 이와 같은 변개는 이

처음에 쥐가 문제 삼는 것은 기린의 외양이다(①). 특히 뿔의 모양에 대해 세간에서는 다른 이를 해칠 마음이 없는 성품으로 해석해 왔지만, 쥐가 보기에는 일개 불구의 표상에 지나지 않을 뿐이다. 불구라는 것은 온전치 못해 제대로 된 기능을 할 수 없는 상태를 말한다. 세간의 말이 뿔의 외양에서 인이라는 도덕적 관념을 연상하고 있다면, 쥐는 그 외양을 즉물적卽物的으로 인식하면서 그 기능을 문제 삼는다. 외뿔은 한갓 상징이나 장식거리일 뿐 쓸모가 없다는 것이다. 쥐에게 이 외뿔은 기린의 본질을 상징하는 것이기도 하다.

다음 대목에서 쥐는 기린의 행실을 비판하는데(②), 그가 보기에 기린은 뭇 짐승의 어른이라는 지위만 누릴 뿐 하는 일 없이 세상을 기만하는 짐승에 지나지 않는다. 어른이라 하면 그에 걸맞은 책임과 의무를 수행해야 하지만, 기린은 사나운 동물의 횡포를 제압할 위엄이나 능력은 물론 그럴 의지조차 없이 홀로 궁벽한 곳에서 지내며 영물이란 미명을 유지할 따름이다. 이때 아무런 기능 없이 장식에 지나지 않는 외뿔은 기린의 실체를 정확하게 상징하는 것이 된다. 진실이 이렇다면 어진 성품을 가졌다는 통념 자체도 허위일 수 있다는 것이 쥐의 논리이다.

다음 대목에서 쥐는 성인의 시절에 기린이 났다는 고사를 의심하며, 기린이 영물임을 부정하기도 하고 세간에 알려진 그의 어진 성품도 거짓임을 주장하기에 이른다. 요컨대 쥐가 기린에 대해 지적한 것은 이름에 걸맞은 실속이 없다는 것, 즉 유명무실의 폐해이다.

후에 나오는 봉황에 대한 쥐의 고변에서도 확인된다. 이처럼 최익한은 번역 과정에서 기린이나 봉황 등 특정 동물에 대한 비판을 원작에서보다 더 장황하고 신랄한 쪽으로 재구성했는데, 이는 그가 원작을 해석하고 번역하는 과정에서 특히 강조하고자 했던 바임을 암시한다.

이를 비판하는 쥐의 입장은 봉황을 비판하는 대목에서도 반복되며 강조된다. 봉황 역시 새 중의 영물이라 하지만 쥐에게는 기린처럼 한갓 쓸모없는 날짐승일 뿐이다. 쥐는 봉황이 조류의 어른이라는 지위를 가졌으면서도, 탐욕스러운 새들이 유약한 짐승들을 잡아먹는 것을 외면하고 그저 멀리 떨어져 자기 배우자만 챙기는 악조임을 지적한다. 봉황의 해악을 열거한 끝에 쥐가 덧붙인 말은 그의 생각을 단적으로 보여 준다. "이것을 보고 저는 이름 밑에 실상이 적다는 것을 문득 깨달았사외다." 이처럼 쥐가 집요하게 강조한 '이름'과 '실상'의 괴리는 곧 제대로 된 일은 하지 않고 신분이나 지위만을 내세워 이득을 챙기는 인간 유형을 상기하게 한다.

문제는 쥐가 기린을 비판하는 과정에서 그러한 인간 유형, 즉 '무능한 선비'를 직접 끌어들이고 있다는 점이다(③). 쥐는 아무런 행실과 포부 없이 산림 속에 들어앉아서 빈 이름만 팔아 살아가는 무능한 선비를 언급한 뒤, 기린을 이에 빗대었다. 이 대목은 우리가 알고 있는 우화에 대한 상식을 배반하는 것처럼 보인다. 일반적인 우화라면 기린을 등장시켜 인간을 비판해야 할 테지만, 여기서 쥐의 발언은 인간을 등장시켜 기린을 비판했기 때문이다. 물론 이것은 다시 인간에 대한 비판으로 읽힐 테지만, 이 같은 전복은 독특한 효과를 산출한다.

쥐의 발언으로 작품은 우화의 알레고리적 기능을 약화하는 한편, 현실 비판의 의도를 직접 노출함으로써 다른 해석의 여지를 차단하고 작품이 겨냥하는 대상을 명확하게 지시한다. 따라서 이 장면은 우화적 서사로서의 정체성을 유지하려는 힘과 현실을 강도 높게 비판하고자 하는 힘이 작품 내에서 공존하면서도 때로는 긴장하는 관계에 놓여 있음을 보여 주는 증거이기도 하다.

　무엇보다 우리는 여기서 쥐의 목소리 배후에 있는 작가의 존재를 짐작하게 된다. 인간의 문제를 자기 발언 속에 재현할 때, 쥐는 작품 속 등장인물로서의 경계를 넘어 작가의 생각을 대변하는 역할을 수행한다. 이처럼 쥐의 입을 빌려 현실 세계의 부조리가 직접 드러나는 대목을 통해, 쥐는 단순히 교활한 동물이 아니라 정당한 고발자로서의 권위를 획득하는 것처럼 보인다.

　고발자가 된 쥐의 입을 통해 언급되는 또 다른 현실의 문제는 바로 관료들의 부패이다. 쥐가 자신의 범행을 사주했다고 고발한 대상 중에는 창고를 지키는 문지기 신들이 있는데, 하늘의 명을 받아 직분을 지켜야 한다고 설명되는 이들은 관료 계층을 노골적으로 상징한다. 쥐는 "어리석은 백성을 유혹해 옳지 못한 제사를 사사로 받아먹어 싸늘한 술잔과 지짐 조각으로 배를 채우는" 것과 "탐관오리가 장부를 농간해 국고의 양곡을 도적질하는 것은 전연 보살피지 아니"한 것을 들어 그들을 비난한다. 녹을 받고도 책임을 다하지 않는 관료와 함께 장부를 조작하는 탐관오리에 대한 고발이 표면화되어 있음을 알 수 있다.

　이와 같이 큰 도적놈들에게는 눈을 감고 도리어 그 죄를 이 늙은 미물에게 지우려 하오니, 저의 원통한 사정은 그만두고라도 그들의 나라를 병들게 하고 직분을 지키지 않는 무책임한 버릇은 어찌 불문에 부치고 말겠사오리까?

쥐는 이들을 '큰 도적놈'이라 부른다. 벽에 구멍을 뚫어 창고의 곡식을 축내는 자신은 작은 도적일 뿐이지만, 장부를 조작해 곡식을 빼돌리는 탐관오리와 그것을 제대로 감시하지 못한 관료들이야말로 큰 도적놈이자 창고를 탈취한 진짜 범인이라는 것이다. 직접 거론되지 않지만, 이 발언에는 관료들의 제도적 수탈을 가능케 하는 수취제도에 대한 문제의식도 엿보인다.

그밖에도 쥐는 사람을 미혹하는 신앙과 미신을 거론하기도 한다. 귀신을 쫓는다는 복사꽃이 무당의 손에 들어가 혹세무민을 한다는 것은 결국 무속의 폐단에 대한 지적이며, 서역에서 태어나 불교의 감화를 받았다는 사자를 비난하는 과정에서 "불법은 인간의 정도가 아니고 허황 요망한 말로써 백성을 미혹해서 우상과 잡귀를 숭배케 하므로", 또 "도승들도 목탁을 두드리고 염불을 하면서 속으로는 어여쁜 계집과 맛 좋은 생선 고기를 노래하고" 있다는 지적은 불교의 해악을 강하게 힐난한 것이다. 대붕새에 대한 "거짓말은 장주에게 배웠으며 괴상한 행동은 세상 사람을 속이외다"라는 비난은 장자로 대표되는 도가道家를 향향하기도 한다.[5] 이러한 지적들은 동물들의 해악이 사실 인간에게서 유래한 것임을 밝힘으로써 결국 현실 세계의 폐단을 비판하는 데 이른다.

이처럼 쥐는 다양한 군상의 해악을 언급하면서 부정적 인간을 반영한 동물들을 언급하기도 하고, 현실 세계의 문제를 직접적으로 거론

---

5   대붕새를 고변하는 데 도가의 허황됨을 지적하는 대목은 《재판받는 쥐》로 번역하는 과정에서 최익한 이 추가한 것으로 보인다.

하기도 한다. 특히 위에서 직접적으로 지적된 유명무실한 특권층, 무능하고 부패한 관료, 혹세무민하는 종교 등은 모두 작품이 창작되던 당대에 심각하게 대두됐던 사회 문제들이었을 것이다. 자신의 죄가 오히려 다른 존재들보다 가벼움을 강변한 쥐의 발언은, 결국 진짜 문제란 눈에 보이는 도적이 아니라 기득권층의 무능과 부패라는 작가의 메시지를 내포한다.

흥미로운 것은 쥐가 지닌 작가의 대변인 내지 정당한 고발자로서의 성격이 우리가 처음에 알고 있던 쥐의 모습과 상충한다는 점이다. 애초에 쥐는 창고를 축낸 탐욕스러운 동물이고 자기 죄를 모면하기 위해 무고를 서슴지 않은 교활한 동물이 아니었던가? 그래서 쥐는 그 자체로 농민을 수탈하는 탐관오리를 상징하는 것으로 여겨졌던 것인데, 그가 다시 곡식을 축낸 진짜 '큰 도적놈'으로 탐관오리를 지목하는 모습은 모순적으로 보이기도 한다. 이러한 쥐의 이율배반적인 성격은 원작인 《서옥설》에 대한 논의에서도 문제 지점으로 파악되어 왔다. 이에 대해서는 우화 속 허구적 상황이나 어법이 반어反語에 기초하며 이를 통해 작가의 비판의식이 더 자유로운 표현을 얻을 수 있었다는 견해,[6] 작가가 쥐를 교활하고 간사한 동물로 그렸다 해도 그것은 표면적 의미에 지나지 않을 뿐 실상은 쥐를 통해 사회를 비판했다는 견해[7] 등이 제출된 바 있다.

---

6   정학성, 〈우화소설 〈서옥기〉의 소설사적 가치〉, 《한국고전산문연구》, 동화문화사, 1981, 235~236쪽. 이에 따르면 우의적 인물인 큰 쥐는 단순히 쥐일 수도 있으나, 같은 문맥 속에서 사회적 인간의 전형으로 행세할 수도 있으며 때에 따라서는 단순히 작가의 사상을 대변하는 노릇을 할 수도 있다.

7   장시광, 〈서옥기의 작가의식 연구〉, 《관악어문연구》 24, 1999b, 251~253쪽.

그러나 여기에서 중요한 것은《재판받는 쥐》의 쥐가 비판받는 대상(부정적 존재)이자 비판하는 주체(고발자)라는 이중적 성격을 지닌다는 점이며, 그 결과 우화에서 흔히 예상되는 선과 악의 경계가 허물어진다는 사실이다. "나으리께서는 이 늙은 것을 간사한 놈으로만 알으시고 저들이 이 늙은 것보다 몇 백배나 더 간악한 줄은 도무지 모르시오니, 이것이 더욱 억울한 바외다"라는 쥐의 말은 온전한 거짓이자 변명일 수 없다. 쥐는 악역이자 풍자의 대상임이 분명하지만, 그에게 지목된 다른 존재들 역시 또 다른 악역 내지 풍자의 대상이라는 것도 부정할 수 없는 사실이기 때문이다.

앞서 우리는 '쥐가 고발한 군상들은 정말로 아무 죄 없는 존재들인가'라는 질문을 던진 적이 있다. 이제 이렇게 답할 수 있을 것이다. 그들은 쥐의 절도와 관련해서는 무고하지만, 사회악이라는 점에서 결코 무고하지 않다고. 이처럼《재판받는 쥐》가 그린 세계는 선이나 정의가 부재하고 악이 횡행하는 곳이다. 선악의 구분이 뚜렷한 대개의 우화에서는 양자의 대립과 해소의 과정을 거쳐 결말에 이르기 마련이지만, 고발자와 고발 대상의 자리가 교체되고 각양각색의 군상이 등장함에도 선역善役이나 정의가 존재하지 않는《재판받는 쥐》에서는 권선징악이나 사필귀정의 결말을 기대하기 어렵다. 그리고 실제로 이 작품은 일반적인 우화와는 다른 양상의, 충격적인 끝을 향해 치닫는다.

3. 대단원, 그 아비규환의 현장

갖은 지략과 언변을 동원했음에도 혐의가 풀리지 않고 도리어 목숨이 위협받기에 이르자, 쥐는 결국 소리를 지르며 최후의 발악에 나선다.

천만 억울하외다. 하늘과 땅과 들 귀신, 산 귀신과 푸르고 울밀한 소나무, 잣나무와 쇄쇄 부는 바람과 뭉게뭉게 떠오르는 구름과 침침한 안개와 축축한 이슬과 반짝이는 별들과 환한 해 달이, 모두 상제의 명령을 받들고 나로 하여금 나라 창고의 곡식을 마음대로 먹게 했사오니, 이 늙은 것이 무슨 죄가 있단 말이요?

쥐는 귀신과 각종 자연물, 천체까지 끌어들여 억울함을 호소했다. 이 호소는 앞서 동식물을 고발할 때와는 달리 허술한 근거조차 갖추지 못했으며, 그래서 궁지에 몰린 자의 헛소리로 들리기도 한다.

그러나 이 대목은 정제되지 않은 발언임에도 사회악에 대한 책임 소재가 문제로 제기되었다는 점에서 주목할 필요가 있다. 쥐의 말을 정리하면 하늘과 땅, 구름과 안개 등으로 대표되는 천지만물의 운행과 존재 양상, 즉 세상의 모습 자체가 자신과 같은 범죄자를 낳았다는 것이다. 재판이 처음 시작될 때 쥐의 속셈은 다른 이들을 자기 범죄의 공모자로 모는 것이었고 이후에는 다른 이들의 악행을 고발하면서 자기 죄를 무마하려는 것이었지만, 이제는 자신의 범행을 천지만물의 운행으로 어쩔 수 없이 행해진 것이라고 강변하고 있다.

이러한 '불가피성'의 강조는 시사하는 바가 크다. 자연현상으로 대체되어 있지만 개인의 행위에 불가항력적인 영향력을 행사한다는 점에서, 천지만물의 양상은 곧 사회적 구조의 알레고리가 되기 때문이다. 따라서 쥐의 최후 발언은 자신을 부조리한 구조로 희생된 존재이자 피해자의 자리에 위치하게 한 것으로 해석될 수 있다. 이 구조란, 비리와 폐단이 사회 전반에 범람하되 그것을 정화할 의지도 능력도 없는 지배

계층과 사회체제, 그리고 '범이나 용같이 생겼다면 누명을 쓰지 않았을 것'이라는 쥐의 말에서 알 수 있듯 같이 범죄를 저질렀음에도 위세 없는 약자만이 처벌받는 불합리한 질서일 뿐이다.

문제는 천지만물의 운행, 곧 사회적 구조를 불신하고 그에 책임을 전가할 때, 전근대사회에서 비판이 최종적으로 향하는 지점은 결국 세계(국가)를 다스리는 통치자가 될 수밖에 없다는 점이다. 《재판받는 쥐》에서 그에 해당하는 존재는 상제이다. 실제로 쥐는 이 같은 인식을 "모두 상제의 명령을 받들고 나로 하여금 나라 창고의 곡식을 마음대로 먹게 했사오니"라는 말로 자기 발언 속에 노출하기도 한다.

하지만 이 발언은 지금껏 쥐의 언변에 휘둘려 처결을 미뤄 온 창고의 신이 결단을 내리는 계기를 제공하고 만다. 어느 시기건 간에 개인이 사회체제를 비판하는 것은 위험을 내포한 행위지만, 특히 전근대사회에서 그것은 곧 왕권에 대한 대항이자 반역죄에 해당했다. 창고신은 말한다.

이 늙은 도적놈이 몇 달을 두고 수백 종의 새와 짐승을 끌어대며 온갖 악담과 무도막심한 언사를 토하다가 종말에는 감히 상제까지를 범죄의 사촉자로 지목하니, 이는 예사 범죄자가 아니고 대역부도의 범죄자다.

쥐의 죄가 대역에 이르렀다고 본 창고의 신은 이 사건이 자신의 권한을 넘어섰다면서 상제에게 사건의 전말을 알리고 명령을 기다린다. 역적에 대한 상제의 처결은 단호하다. 주동자인 늙은 쥐를 창고 앞에서 죽이고 시체를 사거리에 내버린 뒤, 각종 동물에게 그의 고기를 씹게 하여 울분을 풀게 하며, 역적의 소굴과 도당 역시 남김없이 소탕하라는 명이다. 일견 가혹해 보이나 능지처참이나 삼족을 멸하는 등 대역 죄인에 대한 당대 사회의 실제 처벌 수준을 생각하면, 이 같은 처결은 상식적이라고 해야 할지도 모른다.

그러나 바로 다음 부분, 상제의 명이 떨어지자 풀려난 온갖 동물이 쥐의 시체를 뜯어먹고 그 일족을 색출해 도륙하는 장면은 상상 이상으로 잔인하고 끔찍하게 묘사되어 있어 독자들을 강한 충격에 빠뜨린다. 그곳에는 이리와 살쾡이와 같은 육식동물은 물론, 고슴도치와 닭, 심지어 파리나 개미 같은 작은 짐승, 그리고 "비린 것을 먹지 아니하는 자들"도 합세해 쥐의 시체들을 찢고 씹어 먹는 아비규환이 펼쳐지게 된다. 징벌의 의미는 증발된 채 광기만이 지배하는 이 현장은, 심지어 같은 동물 중에서도 "그대들의 복수 행동은 너머나 심하도다! 이미 죽은 시체에 그처럼 육시할 것이 무어 있는가?"라는 말이 나오게 할 정도로 참혹하기 이를 데 없다. 여기에 더해 "잔인 처참한 광경은 차마 바로 볼 수 없는 살풍경이었다"라는 서술자의 논평은 그 잔혹함의 심각성을 거듭 강조한다. 동물 세계의 지옥도를 묘사한다면 아마 이와 같지 않았을까.

이 정도의 충격적인 결말은 작가의 의도적인 연출로 보아야 한다. 해당 장면이 독자에게 남기는 것은 정당한 힘으로 악인이 처단되는 데서 오는 개운함이나 권선징악적인 교훈이 아니다. 이것은 오히려 쥐가 호명한 존재들의 사악한 성질, 악惡으로서의 성격을 부각하는 결과를 초래한다. 모든 동물이 각자의 폭력성을 제어하지 않고 활개를 치는 추악한 장면을 통해, 작가는 쥐의 최후 변론에서 지적된 부조리한 세계의 모습, 혹은 사회적 구조를 상징적으로 보여 준 셈이다.

마지막으로 이어진 태사씨의 논평은 이 같은 부조리의 책임을 직접적으로 물었다는 점에서 주목된다.

불은 당장에 꺼 버리지 아니하면 번지는 법이요, 옥사는 결단성이 없이 우유부단하면 번거로워지는 법이다. 만일 창고신이 늙은 쥐의 죄상을 밝게 핵실해 조속히 처단했던들 그 화는 반드시 그렇게 범람하여지지 아니했을 것이다. 아! 간사하고 흉악한 성질을 가진 자는 어찌 창고를 뚫는 쥐뿐이랴? 아 참! 두려울 일이로다.

작가의 분신이라 할 수 있는 태사씨가 특별히 언급한 것은 창고신의 무능이다. 창고신은 지배계층이자 관료 집단을 상징하는 존재로서, 이름 그대로 창고를 지키는 일과 재판관의 일을 함께 맡았다. 그런데 작품에서 그는 어느 임무 하나도 제대로 해내지 못한 인물로 등장한다. 쥐가 창고에 침입한 것은 문지기의 잘못이라 해도, 곡식이 비는 것을 십 년 동안이나 알아채지 못했다는 것은 관리자로서 비난을 면하기 어렵다.

재판 과정에서도 창고신은 제대로 사건 경위를 조사하지도 않은 채 시종일관 쥐에게 사주자를 대라고 윽박지름으로써 결국엔 여러 동물에게 피해를 미쳤다. 대개의 송사소설에서는 판관의 무능과 부패가 사건의 공정한 해결을 저해하는 요소로 가장 큰 비중을 차지하는데,[8]

---

8   신영주,《조선시대 송사소설 연구》, 신구문화사, 2002, 132~133쪽.

창고신 역시 같은 문제를 지녔던 것이다. 다만 창고신은 판관만이 아니라 관료로서의 정체성 역시 지녔으므로 그에 대한 비판은 무능한 공권력 전반에 대한 고발로 확대해 해석할 수 있다는 차이가 있다.

쥐가 창고를 약탈한 것은 잘못이지만 그에 대한 빌미를 제공한 자도, 사후에 사건을 더욱 심각하게 만든 자도 창고신이라는 것. 또한 '간사하고 흉악한 성질을 가진 자'는 창고를 뚫는 쥐뿐이 아니라는 것. 태사씨의 지적은 개별자들의 악행과 더불어 그것을 방치하고 방조한 구조의 문제, 나아가 통치 집단의 무능과 부패를 겨냥한다. 당연하게도 그것은 작가가 바라본 당대의 사회상, 즉 농민을 수탈하는 탐관오리와 수취제도의 폐단, 그리고 온갖 부조리로 얼룩진 인간 세계의 모습이 반영된 결과일 것이다.

이처럼《재판받는 쥐》는 선악의 경계를 허무는 전개와 충격적인 결말 장면, 논평 등을 통해 독자들이 진정한 악의 실체와 자신이 딛고 있는 사회를 돌아보게 만든다. 작품의 끝에서 우리는 새로운 의문을 제기해야 할 것이다. 지금 우리의 현실이란《재판받는 쥐》의 세계와 얼마나 같고 다른지에 대해 말이다.

4.《서옥설》의 작가 문제

《재판받는 쥐》의 원작인《서옥설》의 작가는 누구일까? 1956년에 이 작품을 번역한 최익한은《서옥설》의 작가를 조선 전기의 작가인 임제로 보고 서문 뒤에 약전을 덧붙여 두었다. 최익한이《서옥설》의 작가를 임제로 확신한 것은, 그가 김일성종합대학에서 강의할 당시《송산문고》에서 찾은《서옥설》의 필사본에서 '조양 임제 백호 저'라는 기록

을 보았기 때문이다. 그 이전인 1939년에 김태준金台俊(1905~1950) 역시
《증보 조선소설사》에서 《서옥설》을 임제의 작품으로 기록했다.[9]

　문제는 현재까지 김태준의 언급과 최익한이 확인했다는 기록 외에
《서옥설》이 임제의 저작이라는 근거를 찾을 수가 없다는 것이다.[10] 임
제의 문집은 1617년, 1759년, 1958년에 걸쳐 후손들에 의해 간행되었
으나 《서옥설》이 수록된 적은 없으며, 임제가 《서옥설》을 창작했다는
가문 내부나 주변인들의 신뢰할 만한 기록 역시 남아 있지 않다. 현재
전해지는 《서옥설》의 여러 이본을 확인해 보아도 최익한이 발견한 책
외에 작가가 명기된 곳이 없기에 자료적 증거가 불충분한 것이 사실이
다.[11] 따라서 다른 방증이 뒷받침되지 않는 이상 해당 자료만으로 작가
를 확정하기는 어렵다.

　임제는 작품들의 수준이 매우 뛰어날 뿐더러 기질이 자유 방달했
던 것으로 유명한 문인이었기에, 작자 미상의 작품, 게다가 사회비판적
인 우화소설이 그의 이름을 빌려서 전해졌을 가능성을 배제할 수 없다.
의도적이든 아니든, 작가가 와전되는 사례는 문학사에서 흔하게 발견
되는 일이기도 하다.

9　김태준, 《증보 조선소설사》, 학예사, 1939, 130쪽.
10　김태준의 《조선소설사》가 처음 출간된 것은 1933년이다. 이 초간본에는 《서옥설》이 임제의 작품이란
　　언급이 나오지 않는다. 그러다가 1939년에 증보된 《증보 조선소설사》에서 "임제의 《서옥설》도 쥐이
　　야기로서 되었다"라는 언급이 추가된 것으로 보아, 김태준은 1933년과 1939년 사이에 《서옥설》의 작
　　가를 확인하고 이를 증보판에 반영한 것으로 보인다. 한편 최익한은 《재판받는 쥐》의 서문에서 자신이
　　《송산문고》에서 찾은 책이 당시(1956년)로부터 30여 년 전, 약 1920년대 중반 무렵에 등사된 것이라
　　고 밝혔다. 시기상으로는 10년 정도 차이가 나지만 김태준이 1930년대 중반 즈음에 확인한 증거 역시
　　최익한이 본 책과 같지 않았을까 한다.
11　《서옥설》의 이본에 대해서는 장효현 외, 《우언우화소설》, 고려대학교민족문화연구원, 2007, 549~550
　　쪽 참조.

사정이 이렇다 보니《서옥설》의 작가를 판명하기 위해 임제의 다른 작품들과 비교, 작품에 드러난 사회상 고찰, 해당 시기에 창작된 소설 경향과 비교 등과 같은 방법이 동원되기도 했다. 임제의 산문으로는 《원생몽유록》,《수성지》,《화사》 등이 있는데, 임제 작가설을 지지하는 입장에서는 이 작품들에 내재된 사회비판적 사상과 우화적인 기법이 《서옥설》과 깊은 연관성을 지닌 것으로 본다.[12]

그러나 작품의 사회적 배경과 주제 의식이 환곡제도의 폐단에 집중되어 있고 표현 기법의 수준 등으로 보아 18세기 이후의 작품으로 판단된다는 논의,[13] 나아가 작품에서 민중의 저항이라는 주제의식을 읽어냄으로써 19세기 이후에 창작된 것으로 보아야 한다는 견해[14]도 제출된 바 있다.《서옥설》이 18세기 이후의 작품이라면 16세기의 작가인 임제의 작품으로 볼 수는 없다. 최근 임제의 작품들을 집대성한 전집에서도 우언적 산문의 영향을 받았을 개연성은 있다 해도 그 이상의 증거가 없기에《서옥설》을 제외했다.[15]

현재의 추이를 보면 국내 학계에서는 대체로 작가를 확정할 수 없다는 쪽이지만, 북한과 중국에서는 임제의 대표작으로 인정하는 분위기고 최근에는 임제의 문중에서《서옥설》을 임제의 작품으로 보기로 했다는 소식이 들려오는 등, 여전히《서옥설》의 작가에 대해서는 의견

---

12 박충록, 〈임제의《서옥설》 출간을 축하하며〉, 김관웅 역, 《서옥설: 재판받는 쥐 이야기》, 미래문화사, 2014, 21~29쪽 참조.
13 정학성, 〈우화소설〈서옥기〉의 소설사적 가치〉, 《한국고전산문연구》, 동화문화사, 1981.
14 장시광, 〈서옥기의 작가의식 연구〉, 《관악어문연구》 24, 1999b.
15 임제, 임형택 외 편, 《신편 백호전집》 상하, 창비, 2014. 한국한문소설 중 우화소설을 총망라해 수록한 장효현 외, 《우언우화소설》, 고려대학교민족문화연구원, 2007에서도 같은 이유로《서옥설》을 작자미상의 작품으로 보았다.

이 합치되지는 않은 실정이다. 다만 이에 대해서는 불확실한 일부 문헌에 의존하기보다 조선 후기에 산출된 우화소설들과 《서옥설》의 연관성이나 작품의 내적 요소, 그에 반영된 사회적 배경 등을 토대로 창작 시기를 비정하는 작업이 계속 진행되어야 할 것으로 보인다.

5. 최익한이 바라본 《서옥설》의 가치

주지하다시피 《재판받는 쥐》의 번역자 최익한은 《서옥설》의 작가를 임제로 보았으며, 《재판받는 쥐》 서문 역시 이에 근거했다. 최익한이 《서옥설》을 의심 없이 임제의 작품으로 단언하고 그의 업적을 대서특필한 것은, 물론 당시 접할 수 있던 자료의 한계도 있었겠지만 사대부 출신의 지식인이 사회비판적인 작품을 창작함으로써 계급을 초월한 전복적 의식을 보여 주었다는 사실에 크게 이끌렸기 때문이 아니었을까 싶다.

한편 이러한 작가 추정과는 무관하게, 최익한이 원작의 주제로 관료층의 부패와 전사회적인 정치적·도덕적 질서의 문란을 지목한 것은 지극히 적실한 평가라 할 수 있다. 특히 그가 《재판받는 쥐》로 번역하는 과정에서 허울뿐인 지식인들을 향한 비판의 수위를 높이고 해당 분량을 확장했다는 사실은, 그가 번역 과정에서 원작에 내재한 현실 비판적 가치를 부각함과 동시에 최익한 자신의 문제의식을 반영했다는 점에서 재차 음미해 볼 여지가 있다.

아울러 최익한이 작품의 가치에 대해 "그 시대의 부정적 현실을 폭로 풍자하는 데 예술적으로 성공했다"고 논한 부분도 각별히 주목해야 할 것으로 보인다. 주제 의식만큼이나 소설로서의 미적 가치를 강조했다는 점에서 그러하다. 번역자는 원작의 언어적 질감과 표현 방식 등을 어떻게 번역할 것인지를 고민해야 하기에, 그만큼 작품이 지닌 언어 예술로서의 미감에 예민할 수밖에 없다. 최익한 역시 《서옥설》을 《재판받는 쥐》로 번역하는 과정에서 《서옥설》의 표현적 측면, 언어 예술로서의 가치에 주목했던 것으로 보인다.

이 같은 사실은 최익한이 번역의 방침을 직접적으로 기술한 부분에서 확인된다. 그는 한문소설인 《서옥설》이 동물들의 공술에 대우법을 구사해 '시가적 운치'가 넘쳐흐름을 언급한 뒤 이 '아름다운 특색'을 번역에서 살리고자 했음을 밝혔다. 실제로 한문으로 된 원작에서 등장인물 간의 대화는 일반적으로 예상되는 산문이 아니라 장단구의 한시체漢詩體로 엮어져 있다.[16] 이로써 재판 현장에서 오가는 말들은 비난이나 변명으로 점철되어 있다 해도 장황하거나 지루하지 않고 오히려 리듬감 있게 다가온다. 이러한 문체는 여타 우화소설과 크게 구분되는 《서옥설》만의 개성이기도 하다. 최익한은 번역 과정에서 이 특징을 의식하며 원작이 지닌 언어적 아름다움을 국문으로도 전달하고자 했던 것으로 여겨진다.

또한 그는 서문에서 《서옥설》의 우화적 방법이 사회 현실을 '선명하고 풍부하고 생동하게' 반영했음을 여러 번 강조했다. 이는 의인화된 동물들에 대한 다양하고 생생한 서술을 논한 것으로, 그 효과에 대해서는 좀 더 부연할 필요가 있겠다. 《서옥설》에서 동물들의 모양과 행동에 관련한 서술은 단지 사회비판적 메시지를 전달하기 위한 도구일 뿐 아

---

16 정학성, 〈우화소설 〈서옥기〉의 소설사적 가치〉, 《한국고전산문연구》, 동화문화사, 1981, 231쪽; 장시광, 〈서옥기의 창작방식 연구〉, 《동양고전연구》 12, 1999a, 208쪽에서 지적된 바 있다.

니라, 그 자체로 서사에 활기를 불어넣고 독자의 흥미를 끌어내는 소설적 장치이다.

특히 최익한은 이러한 특징과 효과를 더욱 부각하기 위해 원작에는 없던 내용을 《재판받는 쥐》에 추가하기도 했는데, 대표적인 것이 창고신이 거대한 동물들을 애써서 데려오는 장면들이다. 수백 명의 신병이 코끼리를 쇠사슬에 묶어 간신히 재판장에 끌고 오는 대목, 고래를 잡기 위해 수십 리에 달하는 구리쇠 그물을 던지는 대목, 입 하나가 제주도보다 큰 대붕새의 경우 재판장에 불러올 수단이 없어 결국 창고신이 직접 출두해 무인도에 법정을 차리고 심문을 진행하는 대목 등을 떠올려 보자. 이러한 장면들은 어떤 비판적 의도를 내포한다기보다 독자의 상상력을 자극하고 소설 읽는 재미를 주는 역할을 담당한 것이다.

이 밖에도 최익한은 《서옥설》에 민간에서 구두로 전파되는 이언俚言이나 속담들이 도입돼 '언어의 인민성을 북돋우어 준 것'을 예술적 가치의 중요한 부분으로 보았다. 실제로 작품에는 동물들에 대한 전고와 함께 '고양이 목에 방울 달기'나 달에 사는 옥토끼 설화 등의 구비문학적 요소가 자주 등장한다.

요컨대 최익한의 언급을 바탕으로 《서옥설》의 예술성을 정리하면, 첫째로 소설임에도 시적인 문체를 구사했으며, 둘째로 동물들의 모습을 풍부하고 생동감 있게 표현했고, 셋째로 속담과 고사 등을 다양하게 활용했다는 점을 들 수 있다. 그리고 이러한 특징은 최익한이 번역한 《재판받는 쥐》에도 고스란히 계승되고 때로는 확장되었다.

우화소설이 교훈서가 아니라 하나의 소설로서 감상될 수 있는 것은 바로 이 같은 문예적 요소들이 곳곳에 자리 잡고 있기 때문이다. 이러한 미적 특징은 작품 이면을 흐르는 날카로운 비판 의식과, 때로 긴장감을 만들어 내기도 하고 때로 조응하기도 하면서 이 작품만의 독특한 개성을 형성한다. 그리고 이 점이야말로 최익한이《서옥설》을 훌륭한 "예술적 작품"으로 평가하고, 자신의 통찰과 해석을 거쳐《재판받는 쥐》로서 재탄생하도록 이끈 주된 요인이었을 것이다.

맺음말

지금까지《재판받는 쥐》의 내용과 주제, 원작자의 문제와 최익한이 제시한 원작의 가치 등을 두루 살펴보았다. 쥐를 주인공으로 한 조선시대의 우화소설로는《재판받는 쥐》의 원작인《서옥설》외에도《서대주전》과《서동지전》이 전해진다.《서대주전》은 근면한 다람쥐 무리와 그들의 양식을 도적질한 쥐들 간에 벌어지는 다툼을,《서동지전》은 가난한 다람쥐가 자신의 구걸을 거절한 쥐에게 앙심을 품고 무고한 고발을 일으킴으로써 벌어지는 문제들을 다룬다. 소재의 측면에서《재판받는 쥐》는 위의 두 작품과 유사한 듯 보이지만, 작품에 등장하는 동식물들의 수가 80여 종에 이르며 갈등의 측면에서 이해당사자 간의 일대일 대립이 아닌 일대다一對多의 구도를 보여 준다는 점 등은 다른 작품들과 크게 구별되는 면모를 보여 준다.

그러나《재판받는 쥐》가 특별한 이유는 무엇보다 작품이 품은 강렬한 사회 고발의 메시지와 이를 드러내는 방식에서 발견된다.《재판받는 쥐》는 의인화된 동물들을 등장시킴으로써 보편적인 우화의 모습을 보여 주기도 하지만, 우화의 핵심인 알레고리적 기능을 약화하면서까지 작가의 비판 의식을 직접적으로 노출하기도 한다. 쥐가 지닌 비판하는 주체이자 비판받는 대상으로서의 이중적 성격은 선과 악의 경계를 무너뜨리고, 작가를 대변하는 쥐의 고발과 참혹한 결말의 장면은 악이 횡행하는 세계의 실체를 여실히 드러낸다. 이를 통해 이 우화는 부조리한 사회 구조와 이를 조장한 지배 계층의 허위와 비리를 거침없이 폭로한다.

한편으로 이처럼 예리한 칼날을 품었으면서도 시적인 문체와 각종 동물에 대한 생생한 표현, 속담과 고사 등의 다양한 활용 등을 통해 소설로서의 재미와 가치를 갖추었다는 점은, 우화소설로서 《재판받는 쥐》가 지닌 고유한 미학이자 커다란 미덕일 것이다. 아울러 《재판받는 쥐》는 최익한이 《서옥설》에 내재해 있던 미학적 요소와 비판적 의식을 번역자의 통찰과 해석을 토대로 더욱 확대 심화한 결과라는 점에서, 단순한 국역의 성과를 넘어선다는 점도 첨언할 필요가 있겠다.

비록 민간 신앙이나 수취제도를 비판하는 모습 등은 작금의 상황과 꼭 들어맞진 않지만, 작품이 제기하는 인간성의 타락이나 약자를 희생하게 하는 사회 구조, 상류층과 관료의 문제 등은 지금 여기의 상황을 끊임없이 반추하게 한다. 현대인의 현실이란 저열한 동물들의 세계, 그리고 봉건적인 조선사회와 얼마나 같고 다른가. 그 점에서 《재판받는 쥐》는 원작이 처음 창작되었을 조선시대와 그것을 번역한 최익한의 시대에는 물론, 현재의 우리에게도 여전히 유효한 문제작이라 할 수 있다.

1897년(1세) 3월 7일 강원도(현재 경상북도) 울진군 북면 나곡2리(속칭 골마) 471번지에서 아버지 강릉 최씨 대순大淳(1869~1925)과 어머니 동래 정씨(1865~1928)의 둘째 아들로 태어났다.

1901년(5세) 종조부 현일鉉一에게 《천자문》,《동몽선습》,《소학》,《격몽요결》 등을 배웠고, 다음 해에는 《십구사략》,《삼국사기》,《삼국유사》 등을 배웠다.

1903년(7세) 부친에게 《논어》,《맹자》,《대학》,《중용》 등 사서四書를 배웠고, 다음 해에는 《시경》,《서경》,《역경》,《예기》,《춘추》 등 오경五經 을 배우고 시부詩賦를 짓기 시작하였다. 그다음 해에는 《제자백 가》를 배워 고을에서 '천재 운거雲擧(최익한의 자字)'라고 소문이 났다.

1906년(10세) 영남의 만초晩樵 이걸李杰 선생을 초빙하여 1년간 수학했다.

1907년(11세) 이때 이미 학문이 뛰어나 이걸 선생의 권유로 영남의 홍기일洪起 一 선생을 새롭게 초빙하여 3년간 본격적으로 사서오경의 논지, 비판 등과 성현의 문집을 독파하였다.

1909년(13세) 이걸, 홍기일 두 선생의 후원으로 봉화군 법전면 법전리 퇴계 선생의 후손인 유학자 이교정李敎正의 장녀 이종李鍾과 결혼하였다.

1913년(17세)　경남 거창에서 면우俛宇 곽종석郭鍾錫(1846~1919)에게 1916년까지 3년간 수학하였다. 곽종석은 한말의 거유며, 1919년 파리장서사건에 앞장섰던 인물이다.

1914년(18세)　장남 재소在韶가 태어났다.

1916년(20세)　차남 학소學韶가 태어났다.

1917년(21세)　3월에 당시 부안 계화도桂花島에 머무르고 있던 호남의 대학자 간재艮齋 전우田愚 선생을 찾아가 성리학에 대해 질의 문답하였다. 그 뒤 6월 14일 간재 선생에게 장문의 질의서를 올렸다(〈최익한상전간재崔益翰上田艮齋〉).

1918년(22세)　YMCA(조선중앙기독교청년회)에서 영어를 배우다.

1919년(23세)　3·1운동 직후에 파리장서사건이 일제에 탄로나 스승인 면우 선생이 주모자로 대구 감옥에 수감되었다(4월. 곽종석은 그 뒤 병 보석되었으나 1919년 7월 24일 타계하였다). 스승이 송치된 대구에 내려갔다가 구례 화엄사로 공부하러 가서 잠깐 머물다가 6월에 신학문을 배우러 서울로 올라갔다. 한족회韓族會에 가입하여 윤7월 경북 영주에서 부호들에게 독립운동 군자금 모금 1600원을 빼앗아 상해임시정부에 보내고자 하였다. 장녀 분경粉景(나중에 경제학자 이청원李淸源과 결혼)이 태어났다.

9월에 중동학교에 입학했다.

1920년(24세)	10월경 추수 매각 대금 400원으로 계모와 동생 익채, 익래와 함께 서울 안국동 51번지에서 하숙을 운영하며 학교를 다녔다.
1921년(25세)	군자금 모금 사건으로 체포되어(3월) 경성지방법원에서 8년 구형에 6년을 선고받았으며, 복심법원에서 4년형을 받았다.
1923년(27세)	복역 중 감형으로 3월 21일 가출옥하였다. 그 뒤 일본으로 건너가 와세다대학 정경학부에 입학하였다.
1924년(28세)	삼남 건소建詔가 태어났다.
1925년(29세)	2월 일본으로 건너가 와세다대학을 다녔다. 그 뒤 《대중신문大衆新聞》, 《사상운동思想運動》, 《이론투쟁理論鬪爭》 등에서 주간을 맡으면서 글도 썼다. 부친 대순이 졸하였다(5월 31일).
1926년(30세)	신흥과학연구회에서 발간한 《신흥과학新興科學》(1926년 11월)에 〈파벌주의비판에 대한 방법론〉을 실었다. 12월 재일본 일월회, 삼월회, 노동총동맹, 조선무산청년동맹 등 동경4단체의 '파벌주의 박멸'에 대한 성명서 발표에 관여하였다.
1927년(31세)	4월에 동경에서 조선공산당 일본부에 가입하여 조직부장으로 선출되었다. 5월에는 조선사회단체 중앙협의회(5월 16일)에 재일본조선노동총동맹 대의원 자격으로 참여하여 중앙협의회를 상설기관으로 하자는 주장을 비판하는 발언을 하여 지지를 받았다. 또한 의안제작위원으로 활동하였다.

7월에는 조선에서 제1차, 제2차 조선공산당 탄압으로 검속된 사람들에 대한 재판이 시작되자 재일노총, 신간회 동경지부가 대책을 협의하기 위한 공동위원회를 1927년 7월에 설치하였으며, 이에 일본 노농당에서 변호사 후루야 사다오와 자유법조단 변호사 후세 다쓰지, 공판방청대표로서 대중신문사에서는 최익한, 안광천安光泉을 파견하여 이들과 함께 활동하였다. 차녀 연희蓮姬가 태어났다.

8월에는 재일본조선노동총동맹 명의로 〈중국노동자대중에게 한 메시지〉를 보냈는데(8월 24일) 여기에서 "중국민중의 해방을 위한 일본제국주의 타도는 우리들과 굳게 단결하면 능히 이를 달성할 수 있다"라고 주장하였다.

9월에는 국제청년의 날을 기념하여 동경에서 조선청년동맹과 일본무산청년동맹이 연합 주최하는 조선, 일본, 중국, 대만의 재동경 청년들로 구성된 동방무산청년연합대회를 개최하였는데(9월 4일) 개회 직후에 해산 당하였으며 최익한은 바로 체포되었다. '제3차 조선공산당'의 김준연 책임비서 시기인 9월 20일경 최익한은 조직부장, 11월 김세연 책임비서 시기에는 선전부장이 되었다.

11월 코민테른에서 파견한 존 페퍼John Pepper를 만나 자금과 함께 코민테른 지령을 전달받았다.

한 해 동안 〈사상단체해체론思想團體解體論〉(《이론투쟁理論鬪爭》 1권 2호, 1927. 4.25), 〈재일본在日本 조선노동운동朝鮮勞動運動의 최초最初의 발전發展〉(《노동자勞動者》 2권 9호, 1927. 9) 등 중요한 글을 썼다.

1928년(32세) 1월 《조선일보》에 1927년 사회운동의 전개과정을 담은 〈조선사회운동朝鮮社會運動의 빛〉을 9회에 걸쳐 연재하였다(《조선일보》 1928년 1월 26일~2월 13일).

2월에 제3차 조선공산당사건('ML당사건')으로 안광천, 하필원 등 여러 간부들과 함께 종로경찰서에 검거되었다.

1930년(34세)	8월 30일 서울지법에서 제3차 조선공산당사건 판결에서 징역 6년을 받았다. 그 뒤 36세(1932년) 7월 9일까지 서대문형무소에서 복역하였다.
1932년(36세)	7월 9일 대전형무소로 이감 도중 대전역 등지에서 조선독립만세를 외치다가 기소되어 1933년 1월 25일 서울복심법원에서 1년의 형을 더 받았다.
1934년(38세)	두 아들 재소와 학소는 각각 21세와 19세의 나이에 조선독립공작당사건으로 함흥형무소에서 2년 반 형을 받고 복역하였다.
1935년(39세)	12월 8일 대전에서 만기 출옥하여 서울로 올라갔다. 이해 정약용 서거 100주년을 맞이하여《신조선》의 요청으로 〈다산의 일사逸事와 일화逸話〉, 〈다산의 저서총목〉을 작성하였다.
1937년(40세)	장남 재소가 옥중에서 죽었다(3월 6일). 재소는 2000년 8월 15일 제55주년 광복절에 건국훈장 애족장을 받고 그 뒤 국립대전현충원 애국지사묘역에 입사했다. 최익한은 아들을 잃은 슬픔을《조선일보》(1937년 4월 23일~25일에 〈곡아이십오절시哭兒二十五絶詩〉로 실었다. 〈우리말과 정음의 운명〉(《정음》21호, 11월 26일)을 썼다. 삼녀 한경漢景이 태어났다.
1938년(42세)	이즈음에 활발히 일어난 국학운동에 참여해 신문, 잡지에 많은 글을 발표하였다. 주로《조선일보》에 1938년 말까지 한문학, 역사, 향토문화 등에 관하여 많은 글을 실었으며, 〈조선어기술문제좌담회朝鮮語記述問題座談會〉(1월 4일)는 횡서橫書와 종서縱書의 시비是非, 외래어표음문제外來語表音問題 등 여러 주제를 가지고 김광섭金光燮, 이극로李克魯, 유치진柳致眞, 송석하宋錫夏, 조윤제趙潤濟, 최현배崔鉉培 등 당대 최고의 국어학자들과 대담을 한 것이다.
1939년(43세)	1938년부터 다시《동아일보》에 들어가 조사부장을 하면서 《《여유당전서與猶堂全書》를 독讀함〉(1938년 12월 9일~1939년 6월 4

일)을 비롯하여 유물 및 문헌고증, 민속 등 다방면에 걸쳐 글을 실었다.

1940년(44세) 연초 〈재해災害와 구제救濟의 사적단편관史的斷片觀〉(1월 1일~3월 1일까지 27회 연재)을 시작으로 8월 《동아일보》가 폐간될 때까지 실학, 역사인물, 구제제도 등 다양한 글을 실었다. 특히 〈사상 명인史上名人의 이십세二十歲〉는 최치원, 정약용 등 역사에서 이름 있는 인물의 20세 때 행적을 담은 흥미로운 기획물이었다.

1941년(45세) 《동아일보》 기자 양재하가 중심이 되어 창간(1941년 2월)한 《춘추》에 과거제도, 후생정책 등 역사 문화에 관한 글을 여러 차례 실었다. 생활난으로 동대문 밖 창신동 자택에서 주류 소매점을 하였다(1944년까지).

1943년(47세) 1월 만주 건국 10주년을 기념하여 간행된 《반도사화半島史話와 낙토만주樂土滿洲》라는 책에 이미 작성한 〈조선朝鮮의 후생정책고찰厚生政策考察〉, 〈조선과거교육제도소사朝鮮過去教育制度小史〉를 제목만 고쳐서 〈반도후생정책약사半島厚生政策略史〉와 〈반도과거교육제도半島過去教育制度〉로 실었다.
10월에는 〈충의忠義의 도道 – 유교儒教의 충忠에 대하여〉(《춘추》 10월호)를 실었다. 이 글에 대해서는 친일의 글이 아닌가 문제 제기가 있었지만(임종국, 《친일문학론》) 이 무렵 《춘추》의 잡지 성격 때문으로 그렇게 평가한 것으로 보이며 글 내용으로 봐서는 추정하기 어렵다.

1945년(49세) 8월 15일 해방 직후 ML계 인사들과 함께 조선공산당 서울시당부의 간판을 걸었고, 서울계, 화요계, 상해계 등과 함께 장안파長安派 공산당으로 합류했다.
9월 8일 서울 계동에서 열린 장안파 조선공산당 열성자대회에 이영, 정백 등과 참석했다. 건국준비위원회에서도 활동을 하였다. 건준이 조선인민공화국을 만들면서 최익한은 법제국장을 맡았으며 12월에는 반파쇼위원회 부위원장을 맡았다.

1946년(50세)	1월 민주주의 민족전선 결성준비위원(24인)의 1인으로 선출되었다. 이후 민전 기획부장을 맡았다.
	3월 22일 조선인민공화국 중앙인민위원회의 긴급회의에서 3상회의 결정에 대한 태도 표명을 위한 성명 작성위원으로 최익한, 이강국, 김오성 3인이 선출되었다. 좌우합작이 일어나면서 3월 31일 회의에서 4월 23일~24일 전국인민대표자대회 개최에 따른 대회준비위원으로 선출되었다.
	4월 18일 한국독립당 중앙상무위원으로 선출되었다.
	9월 7일 공산당 간부체포령으로 일시 체포되었다가 석방되었다.
1947년(51세)	4월 26일 사회로동당(사로당) 탈당 성명서 발표에 참여하였다. 여운형이 중심이 된 근로인민당이 창당되면서(5월 24일) 상임위원으로 선출되었다.
	6월에 《조선 사회 정책사》를 간행했다. 일제시기에 쓴 〈재해와 구제의 사적 단편관〉, 〈조선의 후생정책고찰〉 등을 모아서 만들었다.
1948년(52세)	평양에서 열린 남북연석회의에 참석차 월북하였다. 그 뒤 정치적인 활동은 거의 드러나지 않으며, 국학연구에 몰두하면서 김일성대학 등에서 진행한 강연활동 정도를 알 수 있다.
1954년(58세)	《조선봉건말기의 선진학자들》(최익한, 홍기문, 김하명 공저)을 집필하였으며, 《연암 작품선집》을 번역 간행하였다.
1955년(59세)	《실학파와 정다산》, 《강감찬 장군》 등을 간행하였다. 특히 《실학파와 정다산》은 그의 실학연구를 집대성한 작품으로 손꼽히며, 《강감찬 장군》은 아동용으로 썼다.
1956년(60세)	《조선명장전》, 《연암박지원선집》과 임제의 〈서옥설鼠獄說〉을 번역한 《재판받는 쥐》를 간행하였다.
1957년(61세)	《정약용 다산선집》을 번역 간행하였다. 그 밖에도 최익한은 북한에서 1949년부터 1957년 사이에 《력사과학》, 《력사제문제》, 《조

선문학》,《조선어문》등 여러 잡지에 논문을 실었다.
1957년 이후 최익한에 관한 정보는 알 수 없다.

김태준, 《증보 조선소설사》, 학예사, 1939

박충록, 〈임제의 《서옥설》 출간을 축하하며〉, 김관웅 옮김, 《서옥설: 재판받는 쥐 이야기》, 미래문화사, 2014

신영주, 《조선시대 송사소설 연구》, 신구문화사, 2002

신해진 편역, 《서류 송사형 우화소설》, 보고사, 2008

임제, 《신편 백호전집》 상하, 임형택 외 엮음, 창비, 2014

장시광, 〈《서옥기》의 창작방식 연구〉, 《동양고전연구》 12, 1999a

_____, 〈《서옥기》의 작가의식 연구〉, 《관악어문연구》 24, 1999b

장효현 외, 《우언우화소설》, 고려대학교민족문화연구원, 2007

정학성, 〈우화소설 〈서옥기〉의 소설사적 가치〉, 《한국고전산문연구》, 동화문화사, 1981

박일봉 편역, 《산해경》, 육문사, 1995

학의행, 《산해경전소》(곽박 전, 《산해경》 주석서)

최익한 지음, 송찬섭 엮음, 《여유당전서를 독함》, 서해문집, 2016